# GELD SPAREN

## Vermögensaufbau durch effektive Spartipps!

Wie Sie Sparen lernen und durch intelligente Methoden und Geldanlage positiven Cashflow, passives Einkommen und finanzielle Freiheit erlangen

# INHALT

# Das erwartet Sie in diesem Buch

Es gibt viele verschiedene Möglichkeiten, um Geld zu sparen und dabei auch weiterhin ein schönes, erfolgreiches Leben zu führen. In diesem Buch werde ich Ihnen dazu einige hilfreiche Ratschläge geben, die Sie in Ihren Alltag integrieren können. Es braucht nicht immer einschneidende Veränderungen, um effektiv und intelligent zu sparen.

Viele kleine Dinge, die Sie im täglichen Leben mit wenig Aufwand verändern, helfen Ihnen schon, um auf den richtigen Weg zu kommen. Wenn Sie sich einen ordentlichen Überblick über Ihre Finanzen verschaffen, werden Sie schnell merken, an welchen Stellen es Einsparmöglichkeiten gibt. Das ist sehr wichtig, damit Sie auch in stressigen Zeiten die Übersicht behalten.

Beim Schreiben dieses Buches habe ich vor allem darauf geachtet, die Tipps so nahe wie möglich an der Realität zu halten, damit die Ratschläge für jedermann umsetzbar sind. Natürlich ist es nicht realistisch, zu erwarten, dass Sie innerhalb kurzer Zeit mehrere Tausend Euro einsparen können. Aber mit Geduld und dem nötigen Wissen werden Sie schon früh feststellen, dass Sie Fortschritte machen. Diese kleinen Schritte helfen Ihnen dann auch, die Motivation und das Durchhaltevermögen zu bekommen, um auf lange Sicht ein sorgenfreies Leben zu führen.

Um Ihr monatliches Budget zu erhöhen, gebe ich Ihnen auch einige Hinweise, die Sie angepasst an Ihre Interessen und Kenntnisse nutzen können, um Geld dazu zu verdienen. Damit haben Sie dann einen größeren Spielraum für Investitionen in interessante Projekte, die Ihnen helfen werden, auf lange Sicht ein kleines oder auch großes Vermögen aufzubauen. Dabei ist es auch wichtig, Ihre eigene Fantasie spielen zu lassen, um sich Ziele zu stecken, die Sie am Ende erreichen wollen.

Denn es kann schwierig sein, über eine längere Zeitspanne die Motivation hochzuhalten. Aber Sie werden es nicht bereuen, sobald Sie merken, dass es sich auszahlt und Sie sich vielleicht den einen oder anderen Urlaub leisten können, der früher nicht finanzierbar für Sie war. Jeder hat seine eigene Motivation und seine eigenen Antriebe, um Geld zu sparen, aber die Voraussetzungen, um es letztendlich auch umzusetzen, trägt jeder Mensch in sich.

# Warum sparen?

Diese Frage stellen sich viele Leute, die einfach nur in den Tag hineinleben und bisher noch nicht angefangen haben, sich mit dem Thema Geld sparen auseinanderzusetzen. Dabei gibt es viele gute Gründe, um Geld zu sparen.

Sobald Sie einen eigenen Antrieb haben und wissen, auf welches Ziel Sie hinarbeiten, bleiben Sie auch dabei und werden mit etwas Geduld die ersten Erfolge erkennen. Das ist wichtig, um dabei auch Freude zu haben und mit positiven Gedanken auf Ihre Ziele hinzuarbeiten.

Um Ihre Motivation zu erhöhen, werde ich Ihnen nun die wichtigsten Vorteile eines sparsamen Lebensstils näherbringen. Danach haben Sie eventuell auch eigene Ideen, weshalb es für Sie sinnvoll ist, sparsam zu leben und nicht jeden Cent wieder zum Fenster herauszuwerfen.

## WENIGER SORGEN

Wenn Sie anfangen, Geld zu sparen, werden Sie nicht sofort einen positiven Effekt auf Ihr Leben erkennen. Aber langfristig gesehen werden Sie weniger Sorgen haben, denn Sie müssen sich um finanzielle Entscheidungen nicht so viele Gedanken machen.

Haben Sie Ihre Finanzen einmal geordnet, was Sie nur einige Stunden kostet, haben Sie bereits eine gute Ausgangssituation erschaffen. Danach wird es Stück für Stück einfacher werden und durch Ihre Erfahrungen stecken Sie Rückschläge leichter weg.

## ENTSPANNTES EINKAUFEN

Sobald Sie Ihre Finanzen geordnet haben und auch genau wissen, welches Budget Ihnen zur Verfügung steht, brauchen Sie beim Einkaufen auch nicht mehr immer auf den Preis zu schauen. Sie wissen dann, welches Geld zur Verfügung steht und haben ein besseres Gefühl für Preise.

Mit der Zeit wird das zur Routine werden und dann werden Sie schon automatisch eher das günstigere Produkt kaufen anstatt das teurere Markenprodukt.

## BESSERES VERSTÄNDNIS FÜR GELD

Für die meisten Menschen ist Geld einfach nur ein Mittel zum Zweck. Aber wenn Sie sich genauer mit Ihren finanziellen Möglichkeiten beschäftigen und dadurch auch eine Verbesserung Ihrer Lebenssituation erreichen, merken Sie, dass das Geld auch Sicherheit gibt. Das ist wichtig, damit Sie auch in angespannten Lebenslagen entspannter reagieren können. Haben Sie einmal einige Euros eingespart und sich eine ordentliche Geldreserve angelegt, werden Sie das Geld als Mittel für Investitionen erkennen und nicht nur dafür, die täglichen Rechnungen zu begleichen.

## FINANZIELLE UNABHÄNGIGKEIT ERREICHEN

Das ist einer der Hauptgründe, warum Leute anfangen, Geld zu sparen und für später vorzusorgen. Denn wenn Sie genügend Geld sparen und eine finanzielle Unabhängigkeit erreichen, haben Sie die Möglichkeit, früher in Rente zu gehen. Oder Sie suchen sich gleich eine neue berufliche Herausforderung, wenn Sie sich den Wunsch einer Selbstständigkeit endlich erfüllen können. In diesem Bereich gibt es unzählige Beispiele, wie das Geld langfristig Ihre Lebenssituation verbessert. Wie wäre es damit, dass Sie im fortgeschrittenen Alter Ihre Arbeitszeit reduzieren? Auch das ist mit langfristigem Sparen und einer guten Vorsorge möglich.

## VORSORGE FÜR DAS ALTER

Falls Sie noch nicht damit begonnen haben, für das Alter vorzusorgen, dann ist auch das ein guter Grund, um mit dem Sparen anzufangen. Denn damit kann man nicht früh genug anfangen. Die Rente wird immer unsicherer und es sieht nicht so aus, dass sich das in der Zukunft ändern wird.

Deshalb sollten Sie so früh wie möglich anfangen, das Geld für Ihre Altersvorsorge zu sparen. Je länger Sie darauf verzichten, desto weniger Zeit haben Sie, um für das Alter vorzusorgen. Es ist besser, früh darauf vorbereitet zu sein, damit Sie im Alter dann auch mit der Rente Plus, Ihrem zusätzlichen Altersvorsorge-Budget, ein angenehmes und sorgenfreies Rentnerleben genießen können.

## GELD FÜR SICH SELBST ARBEITEN LASSEN

Jeder Sparer fängt erst einmal klein an und arbeitet sich dann langsam nach oben. Wenn Sie etwas mehr Startkapital haben, fangen Sie eventuell auch schon bei höheren Beträgen an, aber das ist nicht unbedingt notwendig. Jeder kann für sich selbst entscheiden, welche Beträge er sparen möchte und wie er das Geld anlegen möchte.

Wichtig ist nur, dass Sie das gesparte Geld nicht einfach nur auf Ihrem Bankkonto liegen lassen. Haben Sie einmal eine gute Geldreserve aufgebaut und sind in der Lage, zu investieren, dann ergreifen Sie diese Chance und lassen Sie das Geld für sich selbst arbeiten.

Mit cleveren und effektiven Investments, ohne unnötige Risiken, werden Sie innerhalb kurzer Zeit merken, wie das Geld sich schon vermehrt. Und das Einzige, was Sie dafür tun müssen, ist, sich gute Investitionen zu suchen und das Geld dann auch gewinnbringend anzulegen.

Ob kurz-, mittel- oder langfristig spielt dabei eher eine untergeordnete Rolle. Für die verschiedenen Zeiträume gibt es jeweils sehr gute Möglichkeiten, das Geld zu investieren und gute Renditen herauszuschlagen. Verzichten Sie nicht darauf, um das Maximale aus Ihrem Geld herauszuholen.

## PLÄNE UND TRÄUME VERWIRKLICHEN

Welchen Wunsch würden Sie sich gerne einmal erfüllen? Haben Sie schon einmal darüber nachgedacht und den Wunsch gleich wieder verworfen, weil es sowieso nicht finanzierbar für Sie ist? Dann haben Sie schon einmal einen guten Vorsatz für das Sparen entdeckt. Denn wenn Sie geduldig und langfristig sparen, werden Ihre Träume nicht mehr unerreichbar erscheinen.

Setzen Sie sich Ziele, auf die Sie hinarbeiten und die Sie unbedingt erreichen möchten. Sie werden das Ziel nicht von heute auf morgen erreichen, aber wenn Sie damit anfangen, sparsamer zu leben und einen Teil Ihres Einkommens clever zur Seite legen, wird sich Ihr Vermögen früher oder später erhöhen.

Das ist ein sehr guter Grund, um mit dem Sparen anzufangen. Verwirklichen Sie Ihre Träume und fangen Sie am besten so schnell wie möglich damit an.

## ÜBERRASCHUNGEN VERMEIDEN

Viele Menschen kümmern sich nur sehr ungern um die eigenen Finanzen. So passiert es dann auch gerne, dass diese Leute die Übersicht verlieren. Rechnungen stapeln sich im Briefkasten und die finanzielle Situation ist vom einen auf den anderen Tag auf den Kopf gestellt. Das muss nicht sein, wenn Sie Ihre Finanzen in den Griff bekommen und sich regelmäßig darum kümmern. Dabei geht es nicht nur um das einfache Sparen beim Einkaufen, sondern darum, dass Sie anfangen, mit Planung und Ordnung die Finanzen zu managen. So ersparen Sie sich unangenehme Überraschungen, die Sie nicht nur finanziell, sondern auch psychisch belasten.

## FREUDE AM UMGANG MIT ZAHLEN

Das Thema Finanzen ist eigentlich sehr einseitig und langweilig, aber wenn Sie ein Profi darin werden möchten und sich mit Mühe und Fleiß einarbeiten, wird Ihnen das Arbeiten mit den Zahlen irgendwann auch Freude bereiten.

Es ist nur am Anfang schwierig, sich mit der Materie auseinanderzusetzen, da Sie sich wahrscheinlich noch nie ausgiebig damit beschäftigt haben. Aber sobald Sie Ihre eigene Finanzübersicht erstellt haben und die täglichen und monatlichen Ausgaben kennen, wird Geld sparen Ihnen auch Freude bereiten.

Die kleinen Erfolge, die Sie erreichen werden, sind dabei nur Zwischenschritte, um langfristig finanziellen Erfolg zu haben. Sparen Sie weiter und bilden Sie sich weiter, um auch die großen, außergewöhnlichen Ziele zu erreichen.

## LERNE, DEIN LEBEN ZU MANAGEN

Der letzte Punkt in dieser Auflistung ist für alle Menschen sehr wichtig. Egal, ob es hier um Geld und die eigenen Finanzen geht, auch in anderen Lebensbereichen ist es unumgänglich, ein guter Manager zu sein.

In diesem Fall sind Sie der Manager über Ihre eigenen Finanzen und Ihr Leben. Sie haben dabei nur begrenzt Unterstützung, denn Sie sind für Ihr Glück selbst verantwortlich und so sollten Sie auch handeln.

Schluss mit sinnlosen und überteuerten Einkäufen. Fangen Sie an, das Ganze professionell anzugehen, und zeigen Sie damit, dass Sie in der Lage sind, alles zu managen, wenn Sie sich Mühe geben. Übernehmen Sie die Kontrolle über Ihre Finanzen und behalten Sie jederzeit die Übersicht.

Dann werden Sie auch gute Entscheidungen treffen und Ihr eigenes Projekt als Manager erfolgreich starten und durchführen.

# Überblick über persönliche Lebenskosten

Wenn Sie Geld sparen möchten, sollten Sie zuerst eine Übersicht über Ihre Einnahmen und Ausgaben zusammenstellen. Das ist notwendig, um zu erkennen, in welchen Bereichen es Einsparmöglichkeiten gibt. Wenn Sie diese Übersicht regelmäßig aktualisieren, werden Sie beim Sparen auch bei wenigen Einsparungen schon Fortschritte sehen. In diesem Kapitel werde ich Ihnen einige Punkte aufzeigen, die Sie beachten müssen für eine geeignete Übersicht über Ihre persönlichen Lebenskosten. Halten Sie diese Liste immer aktuell und schon haben Sie einen ersten Schritt getan, um in Zukunft effektiver Ihr Geld einzusetzen und dabei Geld zu sparen.

Für eine gute Übersicht benötigen Sie im Prinzip entweder Stift und Papier oder Sie benutzen Ihren Laptop bzw. Computer. Auch für das Smartphone gibt es entsprechend geeignete SAPs, mit denen man eine ausführliche Übersicht erstellen kann. Das ist jedem selbst überlassen, solange Sie regelmäßig und ohne größeren Aufwand darauf zugreifen können. Denn wie schon erwähnt ist es sehr wichtig, die Liste mit den Einnahmen und Ausgaben aktuell zu halten, um Veränderungen und Fortschritte zu erkennen. Dadurch werden Sie motivierter und haben auch in stressigen Zeiten stets eine Zusammenfassung Ihrer Finanzen.

Nehmen Sie sich regelmäßig dafür Zeit, die Finanzübersicht zu aktualisieren. Dann werden Sie auch besser verstehen, dass es immer wieder Änderungen in Ihren Finanzen geben wird. Denn im Normalfall bleiben die Kosten nicht jeden Monat gleich hoch, sondern es gibt immer wieder Schwankungen. Bleiben Sie auf dem Laufenden und Sie lernen schnell dazu. Finden Sie Einsparmöglichkeiten oder neue Einnahmequellen und machen Sie sich Ihr neu gewonnenes Wissen zunutze.

Hier sind die zwei wichtigen Punkte, die bei der Übersicht gegenübergestellt werden: **Einnahmen und Ausgaben.**

Wenn Sie sich die Übersicht selbst erstellen möchten, ist das ohne weitere Probleme möglich. Falls Sie dabei Hilfe benötigen, informieren Sie sich am besten im Internet nach geeigneten Vorlagen. Diese können Sie dann direkt benutzen oder Sie notieren sich alles auf einem Blatt Papier selbst. Ich möchte das jedem selbst überlassen, weil es hier keine speziellen Vorgaben gibt. Es ist für jeden möglich, seine eigene Fantasie einzubringen, um die Übersicht nach Ihren Vorstellungen zu erstellen und daraufhin zu pflegen.

Für den jeweiligen Bereich ist es daraufhin wichtig, Unterpunkte zu erstellen und diese dann auch mit Zahlen zu füllen. Um Ihnen hierzu eine kurze Zusammenfassung zu geben, zähle ich Ihnen im weiteren Verlauf einige Punkte auf, die Sie in diese Statistik integrieren können. Da jede Person unterschiedliche Einnahmen und Ausgaben hat, sind das nur Beispiele und Sie sollten hier dann auch Ihre eigenen Posten angeben, die Sie monatlich einnehmen bzw. ausgeben. Für den Bereich **Einnahmen** gibt es folgende, regelmäßige monatliche Einnahmequellen:

- **Lohn/Gehalt**
- **Hartz 4/ Arbeitslosengeld**
- **Wohngeld**
- **Kindergeld/Unterhalt**
- **Rente**

Diese Punkte sollten Sie nun mit Ihren persönlichen Zahlen in dieser Übersicht angeben und zusammenrechnen. Dann haben Sie erst einmal Ihre ganz persönlichen monatlichen Einnahmen in der Übersicht. Sehr wichtig ist dabei auch, dass Sie echte Zahlen verwenden und nicht nur schätzen, da es sonst zu unangenehmen Überraschungen kommen kann. Es geht hierbei um Ihre Finanzen und dabei ist es nötig, genau und ehrlich zu sein. Sie werden auch nur damit Erfolg haben, denn wenn Sie übertreiben bzw. untertreiben, ist es sehr schwierig, den Überblick zu behalten. Gegenübergestellt werden nun die festen monatlichen **Ausgaben**. Häufige Beispiele sind:

- **Miete**
- **Stromkosten**
- **Gaskosten**
- **Telefon/Handy**
- **GEZ**
- **Kosten für öffentliche Verkehrsmittel**
- **Versicherungen**
- **Taschengeld für Kinder**

Das sind regelmäßige Fixkosten, aber es gibt auch andere Kosten, die monatlich allerdings schwanken können. Diese Punkte gehören auch zum Ausgabenbereich, aber Sie sollten Sie gesondert angeben, da es hier auch in der Regel Möglichkeiten gibt, etwas einzusparen. Folgende Punkte gehören zu diesem Bereich:

- **Lebensmittel**
- **Reinigung/Körperpflege**
- **Haustierkosten**
- **Kleidung**
- **Freizeit**
- **Rauchen**
- **Möbel**
- **Schule**
- **Kindergarten**
- **Unterhaltszahlung für Kindergarten**

Wie Sie bemerken, sind diese Kosten zumeist im Bereich der Freizeitgestaltung und Dinge des täglichen Lebens. Sie gehören zum Leben dazu, trotzdem haben Sie hier oftmals noch die Möglichkeit, Kosten einzusparen und einfach effektiver zu verwenden. Sie benötigen hierzu natürlich eine hohe Disziplin und Geduld, denn ein Mensch ändert sich nicht von heute auf morgen. Aber Sie werden schnell bemerken, dass Sie nicht auf alles verzichten müssen. Kleine Schritte zum sparsameren Umgang mit Geld bringen Sie auch schon in die richtige Richtung und helfen Ihnen, Motivation zu finden.

Nun haben Sie eine Übersicht erstellt und sollten Ihre Einnahmen und Ausgaben direkt gegenüberstellen. Das heißt, Sie ziehen am Ende von den gesamten Einnahmen die gesamten Ausgaben ab und schon sehen Sie, wie viel Geld Ihnen, nach Abzug aller Kosten, im Moment übrig bleibt.

Sie sollten sich im Anschluss daran Gedanken machen, welche Kostenpunkte Ihnen hoch erscheinen und in welchen Bereichen Sie noch Einsparmöglichkeiten sehen. Aber auch auf der Einnahmenseite können Sie betrachten, wie einige Euro mehr Ihnen helfen würden. Machen Sie sich aber dabei keinen zu großen Druck, denn gerade Ausgaben wie Lebensmittel und Kosten in der Freizeit sind eben auch nötig, um ein angenehmes Leben zu führen. Deshalb ist es immer wichtig, abzuwägen, welche Dinge höhere Priorität haben und welche Bereiche eher unwichtig sind.

Mit dieser Übersicht haben Sie nun einen ersten Schritt getan, um auf lange Sicht Geld zu sparen. Erkennen Sie Einsparmöglichkeiten? In welchem Bereich haben Sie zu hohe Ausgaben? Diese Fragen sollten Sie sich stellen und Sie können gerne auch Notizen dazu machen. Im weiteren Verlauf des Buches gebe ich Ihnen dazu einige Ratschläge und Tipps, damit Sie in Zukunft mehr Geld zur Verfügung haben werden. Freuen Sie sich darauf, weitere Schritte zu einem erfolgreicheren, sparsameren Leben zu machen. Ihr Geldbeutel wird es Ihnen danken.

# Spartipps für den Alltag

Sparen ist nicht schwierig, wenn man erkennt, in welchen Bereichen des alltäglichen Lebens Sparmöglichkeiten vorhanden sind. Dabei sind es meistens viele kleine Dinge, die schon einen großen Nutzen haben. Sie haben schnell einige Euro eingespart und können dieses Geld dann für wichtigere Dinge verwenden. Deshalb ist es auch so wichtig, sich dessen bewusst zu werden, dass auch kleinere Beträge auf lange Sicht einen Unterschied machen.

Nun stelle ich Ihnen einige Tipps für den Alltag vor, um Ihnen Vorschläge für Veränderungen zu machen. Wenn Sie diese in Ihren Alltag integrieren, werden Sie Ihre monatlichen Kosten senken und vor allem haben Sie dabei keinen außergewöhnlichen Aufwand. So sparen Sie bares Geld, das Sie am Ende des Monats gut gebrauchen können.

## 1. EINKAUFEN GEHEN UND GELD EINSPAREN

Um Ihre Kosten beim Einkaufen von Lebensmitteln zu senken, gibt es sehr viele verschiedene Möglichkeiten. Es genügen auch schon kleine Veränderungen Ihrer Gewohnheiten, um einen positiven Einfluss auf Ihre Ausgaben zu haben.

### Einkaufszettel schreiben

Eine gute Möglichkeit, um die Ausgaben für Lebensmittel zu verringern, ist es, einen Einkaufszettel zu schreiben. Viele Menschen verzichten darauf, aber hier lässt sich mit diesem einfachen Trick schon etwas Geld sparen.

Schreiben Sie nur die wirklich notwendigen Einkäufe darauf und halten Sie sich genau daran. Auch ist es sehr clever, vor dem Einkauf die Angebote des Supermarkts zu prüfen. Wenn es etwas günstig zu kaufen gibt, was Sie unbedingt benötigen, so können Sie das auf Ihrem Einkaufszettel notieren.

Der Vorteil dabei ist auch, dass Sie so die wichtigsten Dinge einkaufen und nichts vergessen. Es passiert nicht so einfach, von anderen Dingen abgelenkt zu werden, da Sie sich darauf konzentrieren, die Produkte auf Ihrem Einkaufszettel in den Einkaufswagen zu packen.

**Eigenmarken anstatt Markenprodukte**

Kaufen Sie eher Eigenmarken-Produkte des Discounters anstatt teure Markenprodukte. Oftmals gibt es dabei keinen großen Qualitätsunterschied und viele Eigenmarken sind günstiger und haben dabei sogar noch einen größeren Inhalt. Sie werden hier auch einige sehr gute Produkte entdecken, die Sie davor noch nicht gekannt haben. Denn die Marke sagt nicht viel über den Geschmack aus.

Die günstigen Artikel stehen im Supermarkt meistens entweder ganz unten oder ganz oben im Regal. Das ist eine Taktik der Märkte, da die teuren Markenprodukte dann zumeist in der Mitte und somit direkt im Blickfeld der Käufer sind. Schauen Sie lieber etwas genauer hin und nehmen Sie dann das günstigere Produkt.

**Angebote auf Vorrat einkaufen**

Wenn es gute Angebote für Produkte gibt, die sich lange halten lassen und Sie unbedingt benötigen, können Sie diese auch auf Vorrat kaufen. Dabei denke ich vor allem an Teigwaren und Getränke. Hier lässt sich dann auf lange Sicht Geld einsparen, das Sie in späteren Monaten übrighaben werden. Deshalb ist es beim Einkaufen wirklich wichtig, die Augen nach guten Schnäppchen offenzuhalten.

Aber auch Frischwaren wie Fleisch und Käse können Sie auf Vorrat kaufen. Dafür müssen Sie es aber dann einfrieren. Das ist nicht für alle Produkte geeignet, aber Sie können sich schon vor dem Einkauf darüber informieren und damit günstig einkaufen und später darauf zurückgreifen.

**Einkaufsbudget begrenzen**

Um beim Einkaufen zu sparen, können Sie sich auch ein Budget für den Einkauf setzen. Wenn Sie sich einen bestimmten Betrag selbst vorgeben, haben Sie die beste Übersicht über die Ausgaben für die Lebensmittel. Aber hier sollten Sie es nicht übertreiben mit der Sparsamkeit, weil Lebensmittel wichtig und unverzichtbar sind. Sie werden aber bewusster einkaufen und dann auch eher auf das günstigere Produkt zurückgreifen anstatt auf das teure Markenprodukt.

Wenn Sie nach dem Einkauf von Ihrem Budget noch etwas übrighaben, legen Sie dieses Geld am besten einfach zur Seite oder in eine Spardose. Dann haben Sie wenigstens ein kleines Erfolgserlebnis und sind in Zukunft noch motivierter, beim Einkaufen zu sparen.

### Mit Bargeld bezahlen anstatt mit Karte

Ob Sie mit der EC-Karte oder mit Bargeld bezahlen möchten, ist Ihnen überlassen. Aber wenn Sie mit Bargeld einkaufen gehen, haben Sie eine bessere Übersicht über Ihre Ausgaben. Höhere Beträge begleicht man gerne mit der Karte, aber dadurch ist es auch einfacher, zu viel auszugeben.

Haben Sie stattdessen nur einen bestimmten Betrag dabei, kommen Sie nicht so schnell in Versuchung, unnötige Dinge einzukaufen. Beschränken Sie sich beim Einkaufen eher auf die alltäglichen Gegenstände. Wenn Sie größere Anschaffungen machen möchten, überlegen Sie es sich gut und vergleichen Sie am besten davor die Preise.

### Wasser trinken

Ein ganz einfacher Trick, um Ihren Geldbeutel zu entlasten, ist es, Leitungswasser zu trinken und nicht auf teure Getränke aus dem Super- oder Getränkemarkt zurückzugreifen. Hier können Sie dann auch selbst kreativ sein und sich selbst Ihre Getränke zusammenstellen. Es gibt zum Beispiel Instant-Teemischungen, die Sie mit Wasser vermischen, damit es geschmacklich ein wenig mehr Abwechslung gibt. Auf jeden Fall ist Wassertrinken eine gute Möglichkeit, um Geld einzusparen.

Verzichten Sie auch auf teure Energydrinks und trinken Sie dann lieber einen günstigeren Kaffee, wenn Sie unbedingt Koffein brauchen. Aber auch hier ist es wichtig, auf die Preise zu schauen und nicht das teure Produkt auszuwählen.

## 2. SPAREN IM EIGENEN HAUSHALT

Ein großer Kostenpunkt in den meisten Haushalten ist die Strom- und Wasserrechnung. Aber auch hier gibt es effektive Möglichkeiten, um Geld zu sparen und langfristig auch günstige Tarife zu behalten. Sie müssen nicht außergewöhnliche Dinge verändern, um dabei zu sparen. Ich gebe Ihnen hierzu im Folgenden einige Beispiele, wie Sie Ihre Ausgaben für Energiekosten verringern können.

**Energiesparlampen und energiesparende Technik verwenden**

Dies ist ein Punkt, den nicht jede Person umsetzen kann. Aber falls Sie neue Glühbirnen benötigen, sollten Sie auf Energiesparlampen zurückgreifen. Hier können Sie Strom einsparen und eine kleine kurzfristige Investition hilft Ihnen, langfristig Geld zu sparen.

Nicht jeder Mensch kann es sich leisten, neue Geräte zu kaufen, um damit Strom zu sparen. Aber auch viele ältere Geräte kann man stromsparend nutzen. Lassen Sie elektronische Geräte nicht auf Standby laufen, sondern schalten Sie das Gerät dann komplett ab. Hierbei helfen vor allem neuwertige Stromsparleisten und Zeitschaltuhren. Damit sparen Sie den Strom, den Sie sowieso nicht benötigen, weil das Gerät ansonsten nur im Ruhezustand ist.

Sie können auch Ihre verschiedenen elektrischen Geräte auf Stromsparfunktionen überprüfen. Nicht nur bei neuerer Technik, auch bei älterer gibt es die Möglichkeit, bestimmte Stromsparmodi zu aktivieren, die dann weniger Strom verbrauchen als im normalen Modus. Auch wenn es nur einen kleinen Unterschied macht, müssen Sie hierbei immer langfristig denken, und je mehr Geräte Sie umstellen, desto mehr können Sie einsparen.

**Energiesparend kochen**

Um beim Kochen zu sparen, benötigen Sie nur ein paar Informationen und schon können Sie loslegen. Auch lohnt es sich, sich selbst Gedanken zu machen, um Kostenersparnisse zu erreichen.

Beim Kochen sollten Sie bei Kochtöpfen immer die Deckel verwenden und dabei ebenfalls auch die Topfgröße an die geeignete Kochstelle anpassen. Ohne Deckel verlieren Sie Wärme, die ganz einfach mit dem Deckel im Topf gehalten wird. Außerdem verlieren Sie ebenfalls zu viel Energie, wenn Sie eine zu große Kochstelle verwenden. Deshalb einfach darauf achten, dass der Topf optimal zur Kochstelle passt, damit Sie hier am effektivsten und energiesparend kochen können.

Ebenfalls wichtig ist es, die Restwärme der Kochstelle zu nutzen. Die meisten Herde benötigen nach dem Abschalten noch einige Zeit, bis die Herdplatten wieder abgekühlt sind. Wenn Sie Ihren Herd frühzeitig ausschalten, sparen Sie Strom und bekommen trotzdem genug Wärme, um das Essen optimal vorzubereiten.

Falls Sie etwas kochen möchten, ist es immer am sparsamsten, gleich eine größere Menge zu kochen. Sie verbrauchen dann nur einmal Strom, da Sie auch nur einmal kochen anstatt mehrmals am Tag oder in der Woche. Außerdem ist es in diesem Zusammenhang auch wichtig, die fertigen Mahlzeiten aufzubewahren, um diese wiederverwenden zu können. Hierzu benötigen Sie einige Aufbewahrungsboxen, aber vieles lässt sich auch ganz einfach in Frischhaltebeuteln aufbewahren.

Eine ganz einfache Möglichkeit, um beim Kochen Strom zu sparen, ist es, kalte Speisen zuzubereiten. Natürlich ist das nicht für jeden Geschmack geeignet, aber wenn Sie das umsetzen, haben Sie langfristig weniger Stromkosten, als wenn Sie jeden Tag kochen.

**Günstige Rezepte recherchieren und genießen**

Gutes Essen muss nicht immer teuer sein. Schauen Sie sich am besten im Internet auf bekannten Kochseiten um und entdecken Sie einfache und günstige Rezepte, die Sie nachkochen können. Hier findet sich für jeden Geschmack eine gute Mahlzeit und Sie haben dabei noch Geld gespart.

Auch wenn Sie Reste verwerten wollen, lohnt sich ein Blick ins Internet. Dabei werden Sie neue, spannende Entdeckungen machen, die Sie in Zukunft öfters kochen können. Kreativität ist dabei auch sehr hilfreich. Wenn Sie verschiedene kleine Mahlzeiten zu einer vereinen, werden Sie überrascht sein, welche leckeren Gerichte Ihnen gelingen werden.

**Weitere Spartipps für den Haushalt**

Die Übersicht über Sparmöglichkeiten im Haushalt ist sehr vielseitig und umfangreich. Ich habe Ihnen hierzu nun einige Punkte zusammengetragen, die Ihnen helfen werden, bares Geld zu sparen. Aber auch hier ist es ratsam, sich selbst Gedanken zu machen, um weitere interessante Sparmöglichkeiten zu finden.

Zuhause in den eigenen vier Wänden sollten Sie versuchen, die Heizkosten im Rahmen zu halten. Ein guter Tipp dazu ist, dass Sie drei- bis viermal am Tag Stoßlüften, anstatt mehrmals täglich nur kurz die Fenster aufzumachen. Öffnen Sie die Fenster und Türen einfach und lassen Sie kurz für zehn bis fünfzehn Minuten frische Luft herein und dann schließen Sie alles wieder. Dadurch verlieren Sie am wenigsten Energie.

Allgemein sollten Sie im Winter die Heizung nie komplett abdrehen. Wenn Sie einmal außer Haus sind, lassen Sie doch einfach die Heizung auf der untersten Stufe laufen. Das ist energiesparender, da das häufige An- und Ausschalten der Heizung schon Energie verbraucht. Durch den durchgehenden Betrieb erreichen Sie weniger Strom- und Heizkosten und es ist auch schonender für die Heizung.

Wenn Sie Zuhause sind und es ist Ihnen zu kalt, denken Sie daran, auch einfach einmal einen Pullover anzuziehen oder eine dünne Jacke. Durch übertriebenes, unnötiges Heizen verbrauchen Sie einfach zu viel Energie, deshalb sollten Sie auch nicht die ganze Zeit mit kurzer Hose und T-Shirt herumlaufen. Ziehen Sie sich etwas wärmer an, müssen Sie die Heizung nicht die ganze Zeit auf Hochtouren laufen lassen. Damit haben Sie dann auch wieder einige Euro eingespart.

Fast jeder Haushalt hat eine eigene Waschmaschine und Spülmaschine. Diese zwei Geräte sind im Normalfall keine Stromfresser, aber auch hier haben Sie die Möglichkeit, etwas Geld zu sparen. Benutzen Sie die beiden Geräte nur, wenn die Maschine auch vollkommen gefüllt ist. Denn eine halb leere Maschine verbraucht genauso viel Strom wie eine volle Maschine.

Zudem können Sie auch die Stromsparfunktion laufen lassen. Das dauert normalerweise etwas länger, aber Sie sparen dadurch Geld und haben keinen zusätzlichen Aufwand. Halten Sie sich einfach an diese einfachen Regeln und Ihre Strom- und Wasserrechnung wird langfristig etwas günstiger.

Ein einfacher Tipp, um Geld einzusparen, ist es, die Dusche zu nutzen, anstatt ein Bad zu nehmen. Das ist logisch, da Sie beim Baden ein Vielfaches mehr an Wasser verbrauchen, als wenn Sie duschen gehen. Man muss dabei ja auch nicht übertreiben, denn auf ein entspanntes, ruhiges Bad sollte niemand verzichten müssen. Aber denken Sie daran, dass es sich auf lange Sicht auszahlt, wenn Sie diese Angewohnheit auf ein Minimum reduzieren.

## 3. ARBEITEN GEHEN UND DIE AUSGABEN NIEDRIG HALTEN

Nun möchte ich Ihnen noch einige Ratschläge geben, um auch in einer ganz gewöhnlichen Arbeitswoche im Betrieb Geld einzusparen. Das ist ebenfalls ein wichtiger Punkt, da Sie an Ihrem Arbeitsplatz das Geld erwirtschaften, das Ihnen die Möglichkeit gibt, Geld zu sparen. Deshalb sollten Sie sich im Arbeitsalltag darüber bewusst sein, welche Ziele Sie langfristig verfolgen. Das erhöht die Motivation und Ihnen wird schon bald bewusst werden, dass Sie hier auch gute Sparmöglichkeiten haben.

### Sparsamkeit im Arbeitsleben

Viele Arbeiter und Angestellte sind mit dem Auto unterwegs. Das ist meistens auch der einzige Weg für viele Menschen, um pünktlich am Arbeitsplatz anzukommen. Aber ich möchte Ihnen ans Herz legen, dass die Anreise an den Arbeitsplatz mit den öffentlichen Verkehrsmitteln oft billiger und stressfreier ist. Hier muss jeder für sich selbst abwägen, welche Prioritäten er setzt. Sie werden mit den öffentlichen Verkehrsmitteln nicht direkt zur Arbeit gebracht und es dauert in den meisten Fällen auch einfach länger. Aber durch die hohe Verkehrsdichte auf den Straßen ist es für Sie eventuell sinnvoll, mit Bus und Bahn zu reisen. Sie schonen damit nicht nur Ihre Nerven, sondern auch die Kosten für die Instandhaltung Ihres Fahrzeugs werden sich damit senken lassen. Das Auto kann zuhause stehen bleiben und wird dann nicht mehr so belastet, als wenn Sie damit jeden Tag zur Arbeit unterwegs sind.

Falls Ihre Arbeitsstelle nicht zu weit weg ist, kann ich auch empfehlen, den Weg mit dem Fahrrad bzw. zu Fuß zurückzulegen. In der heutigen Zeit gibt es hier auch weitere Möglichkeiten. So können Sie sich auch über E-Bikes oder Streetscooter informieren. Damit haben Sie keine Kosten für Sprit und das gesparte Geld wird Ihnen mit Sicherheit an anderer Stelle helfen. Vor allem in den Frühlings- und Sommermonaten ist das eine gute Alternative zum Auto und Sie tun auch Ihrer Gesundheit noch etwas Gutes.

Selbstverständlich brauchen Sie an Ihrem Arbeitsplatz auch etwas zu essen und zu trinken. Denken Sie daran, sich etwas von zuhause mitzunehmen, um Ihre Mahlzeiten nicht außerhalb einkaufen zu müssen. Das ist am Anfang gewöhnungsbedürftig, aber Sie werden schnell merken, dass dies eine gute Idee ist, um etwas Geld einzusparen.

Bei der Arbeit sind Sie die meiste Zeit sowieso beschäftigt und deshalb sollten ausgefallene Speisen oder Getränke eher vermieden werden. Trinken Sie einfach tagsüber Leitungswasser und bereiten Sie für die Pausen einige Mahlzeiten vor, dann haben Sie schon einen Schritt gemacht, der Ihnen auf lange Sicht hilft, Geld zu sparen. Wenn Sie keine Lust haben, das Essen zuhause vorzubereiten, können Sie auch einfach etwas Obst einkaufen. Hier haben Sie dann auch eine große Auswahl an kleinen Zwischenmahlzeiten und es ist gleichzeitig gesund.

Verzichten Sie bei der Arbeit auch auf Snacks wie Chips und Fruchtgummis. Diese sind nicht gesund und stillen Ihren Hunger auch nicht. Das ist eigentlich nur etwas für die Freizeit, wenn Sie auch Zeit haben, es zu genießen. Es ist natürlich sehr verlockend, immer wieder eine Kleinigkeit aus der Chipstüte zu essen. Aber dann sollten Sie eher andere kleine Snacks essen wie Obst oder Energieriegel.

Es gibt hier noch viele verschiedene Möglichkeiten, aber aus meiner Sicht ist es sinnvoll, dass sich jeder selbst dazu seine Gedanken macht. Denn jeder hat seine eigenen Angewohnheiten und es ist schwierig, hier die optimalen Ratschläge zu geben. Beobachten Sie sich selbst und Ihre

Angewohnheiten im Alltag, dann werden Ihnen selbst auch einige Sparmaßnahmen auffallen, die Sie anwenden können, ohne dabei zu sehr eingeschränkt zu werden.

# Lebenskosten reduzieren durch moderne Lebensweise

Früher, als es noch kein Internet gab, war es schwierig, sich über Aktuelles zu informieren und sich mit anderen auszutauschen. Heute ist das alles nicht mehr so kompliziert und dadurch haben Sie die Gelegenheit, sich dies zunutze zu machen. In diesem Kapitel möchte ich Sie nun darüber informieren, welche Möglichkeiten Sie heutzutage haben, um durch den Einsatz des Internets Geld zu sparen. Nutzen Sie die Chancen, um Ihre Haushaltskasse zu entlasten und in Zukunft mehr Geld zur Verfügung zu haben!

## PREISVERGLEICHE IM INTERNET

Preise zu vergleichen, ist in der heutigen Zeit nicht mehr so schwierig. Wenn Sie im Internet ein bestimmtes Produkt suchen, finden Sie es in Sekundenschnelle und haben auch schnell einen Überblick über verschiedene Anbieter mit verschiedenen Preisen. Am besten ist es allerdings, wenn Sie dann von vornherein auf ein Preisvergleichsportal zurückgreifen. Hier werden Ihnen die besten Angebote im Internet angezeigt und Sie können selbst entscheiden, welcher Anbieter bzw. welcher Preis Ihnen am besten gefällt. Hier lassen sich mehrere Hundert Euro einsparen, wenn Sie sich Zeit nehmen und auch gleich noch geeignete Produkte vergleichen.

Durch die Kundenrezensionen bekommen Sie ebenfalls gleich einen guten Überblick über das Produkt und das ist für Sie auch noch kostenlos. Es gibt auch Personen, die sich zuerst im Internet informieren und danach in einen Laden gehen, um sich das Produkt aus nächster Nähe anzuschauen. Dabei werden Sie auch feststellen, dass es dort teilweise extreme Preisunterschiede gibt. Für Sparer ist es also empfehlenswert, Preise zu vergleichen und danach die geeignete Auswahl zu treffen.

## TARIFVERGLEICHE IM INTERNET

Auch beim Vergleich von verschiedensten Tarifen haben Sie die Möglichkeit, sich genauer im Internet zu informieren. Hierzu gibt es zahlreiche Anbieter, die auf einem Tarifvergleichsportal unterschiedlichste Tarife vergleichen und Ihnen das Beste empfehlen. Dabei ist es nicht wichtig, um welche Tarife es geht, da die Auswahl sehr groß ist. Ob Mobilfunktarife, Stromtarife, Versicherungstarife: Auf einem guten Vergleichsportal finden Sie für nahezu jedes Anliegen die richtigen Preisvergleiche.

Hierbei lassen sich mehrere Hundert Euro sparen. Sie können die Verträge auch gleich im Internet abschließen und von besonderen Online-Rabatten profitieren. Das ist dadurch möglich, dass die Anbieter hier keine außergewöhnliche und persönliche Beratung betreiben müssen. Jeder kann sich hier selbst informieren und seine Prioritäten dementsprechend selbst setzen. Sie sollten aber sehr genau lesen, denn viele Verträge enthalten bestimmte Klauseln, die erst nach einer bestimmten Vertragslaufzeit in Kraft treten werden. Aber wenn Sie sich gut informieren und auch auf die Kundenbewertungen achten, werden Sie mit Sicherheit in der Lage sein, gute Deals zu finden, die Ihnen große Einsparungen ermöglichen.

## GEBRAUCHTWAREN KAUFEN UND VERKAUFEN

Es muss nicht immer alles neu sein, wenn Sie etwas kaufen möchten. Für einige Produkte lohnt es sich, sich auf Gebrauchtmärkten umzuschauen, wozu Sie ebenfalls im Internet viele Gelegenheiten finden werden. Auf verschiedenen Verkaufsportalen finden Sie die unterschiedlichsten Produkte. Oft werden Sie hier auch Dinge finden, die noch so gut wie neu sind und jetzt zu einem günstigeren Preis angeboten werden.

Deshalb ist es bei größeren Anschaffungen auch empfehlenswert, erst einmal diese Märkte zu durchforsten, um Schnäppchen zu finden. Dabei ist es relativ egal, um was es geht. Von Kühlschränken und Möbeln über Spielsachen und Bücher bis hin zu Laptops: Auf diesen Verkaufsportalen finden Sie so ziemlich alles in unterschiedlichen Zuständen. Viele Verkäufer auf diesen Portalen sind Privatpersonen und oft lohnt es sich, auch über die Preise zu verhandeln. So können Sie in Zukunft das ein oder andere günstige Schnäppchen machen, ohne großartig Preise zu vergleichen.

Da Sie auch auf diesen Verkaufsportalen selbst verkaufen können, ist es hier auch möglich, noch etwas Geld dazu zu verdienen. Räumen Sie doch einmal Ihren Keller aus oder verkaufen Sie andere überflüssige Gegenstände aus Ihrem Haushalt. Sie werden sehr oft Leute finden, die Ihnen für aus Ihrer Sicht unwichtige Sachen noch ein paar Euro geben werden. Das macht Spaß und eventuell haben Sie dabei eine neue Einnahmequelle gefunden.

## ZWEITES GIROKONTO ALS SPARKONTO

Eine neuartige, dabei aber sehr effektive Sparmethode ist das Einrichten eines zweiten Girokontos bzw. einer Prepaid-Kreditkarte. Das ist heutzutage sehr einfach einzurichten und Sie finden im Internet dazu auch zahlreiche Angebote mit einem Startbonus und sogar Startguthaben. Die Voraussetzungen dafür sind meistens sehr niedrig gesetzt, damit jeder sich so ein Konto einrichten kann. Sie sollten dabei allerdings aufpassen, da viele Angebote zu Beginn kostenlos sind, Sie später aber meist eine Kontoführungsgebühr zahlen müssen.

Trotzdem ist ein zweites Konto eine Überlegung wert. Zu empfehlen ist hier, jeden Monat einen festen Betrag auf das Konto zu überweisen. Doch auch Nebeneinkünfte können Sie hier sammeln, um für schlechtere Zeiten vorzusorgen. Aber nicht nur dafür ist das Konto geeignet: Sie können sich hier auch eine Urlaubskasse einrichten, damit Sie für einen entspannten Urlaub vorausplanen können.

## DO-IT-YOURSELF ODER GÜNSTIGE PRIVATE ANGEBOTE NUTZEN

Eine weitere gute und moderne Möglichkeit, um Geld zu sparen, ist das Prinzip „Do-it-yourself" – zu Deutsch: Machen Sie es einfach selbst.

Jeder kennt es: Etwas im Haushalt geht kaputt und Sie wissen nicht, wie Sie es reparieren können. Entweder Sie rufen nun einen Techniker oder Handwerker an und lassen das für Sie reparieren oder Sie versuchen, es einfach selbst zu reparieren. Das ist in vielen Fällen nicht so schwierig, wie es auf den ersten Blick aussieht. Hier können Sie sich wieder im Internet informieren und falls es dann doch zu kompliziert für Sie ist, können Sie immer noch einen Fachmann beauftragen.

Im Internet gibt es viele Videos und Texte, die Ihnen Schritt für Schritt erklären, wie Sie vorgehen müssen und welche Hilfsmittel Sie dafür benötigen. Wenn Sie ein wenig handwerklich begabt sind, werden Sie viele Dinge selbst reparieren können und damit gutes Geld sparen.

Eine ebenfalls günstigere Alternative ist es, im Internet nach privaten Fachleuten Ausschau zu halten. Es gibt mittlerweile viele verschiedene Anbieter, die Ihnen in der Freizeit für einen kleineren Unkostenbeitrag helfen werden und sich damit auch etwas dazu verdienen. Vielleicht ist das auch eine Gelegenheit für Sie, selbst etwas Geld zu verdienen.

Haben Sie irgendwelche speziellen Kenntnisse und Erfahrungen, die anderen helfen können? Dann können Sie auch eine Anzeige im Internet einstellen. Es wird hier einige Leute geben, die Ihre Unterstützung benötigen und Sie dafür bezahlen werden.

Ein gutes Beispiel für das Geld sparen nach dem Do-it-yourself-Prinzip ist auch das Haare schneiden. Außergewöhnliche Frisuren für besondere Anlässe können Sie gerne weiterhin im Friseursalon schneiden lassen. Aber einfache und unspektakuläre Haarschnitte werden Sie auch selbst hinbekommen. Wenn das nicht funktionieren sollte, fragen Sie doch einfach einen Freund oder eine Freundin bzw. ein Familienmitglied. Diese werden Ihnen sicherlich dabei behilflich sein und Sie haben schon wieder einige Euro eingespart.

## STEUERERKLÄRUNG SELBST ERSTELLEN

Dieser Punkt ist wirklich nicht für jedermann zu empfehlen. Dazu muss jeder selbst wissen, wie umfangreich seine steuerlichen Angaben sind und ob Sie mit dem Steuerrecht zurechtkommen.

Im Internet finden Sie zahlreiche Anbieter für die jährliche Erstellung der Steuererklärung. Im Prinzip ist es sehr einfach auszufüllen, da hier Schritt für Schritt erläutert wird und die Anbieter dies sehr ausführlich für Sie erklären. Sie können mit dem Kundenservice Kontakt aufnehmen, wenn Sie sich unsicher sind.

Hier sparen Sie sich die Kosten für einen Steuerberater, der eigentlich nur für komplizierte Steuersachen herangezogen werden sollte. Die Abgabe der Steuererklärung im Internet beginnt meist bei einem Preis von etwa 15 Euro, aber auch hier gibt es immer wieder gute Einsteigerangebote zu noch günstigeren Preisen. Und wenn Sie Glück haben, bekommen Sie auch noch Steuern zurückgezahlt vom Staat. Dieses Geld sollten Sie sich niemals entgehen lassen.

Wenn Sie sich wirklich unsicher sind, versuchen Sie doch, einen Steuerberater zu finden, der sich privat ein paar Euro dazu verdienen möchte. Dann halten Sie Ihre Kosten auch in einem vernünftigen Rahmen und bekommen die benötigte Hilfe.

## FOOD-SHARING

Dieser Punkt ist bei vielen Menschen noch nicht sehr bekannt, aber es bietet auch eine gute Möglichkeit, um Geld einzusparen. Food-Sharing bedeutet, dass Lebensmittel mit anderen Menschen geteilt und getauscht werden.

Hier gibt es verschiedene Wege, um sich gegenseitig zu helfen. Im Internet findet man hierzu einige Gruppen und regionale Angebote, die Sie sich zu diesem Thema anschauen sollten. Kurz und vereinfacht erklärt geht es dabei um folgende Ausgangssituation: Sie haben eingekauft und dabei das Falsche oder zu viel gekauft, was Sie nun nicht mehr verwenden können bzw.

wollen. Dann können Sie das anderen Menschen anbieten, die ebenfalls sparen möchten und Ihnen dafür im Gegenzug andere Lebensmittel anbieten.

Es ist dabei nicht ungewöhnlich, auch frische und hochwertige Lebensmittel einzutauschen. Eine Gemeinschaft von Personen hilft sich dabei gegenseitig und keiner soll dabei Vor- oder Nachteile haben. Es geht dabei darum, dass noch verzehrbare Produkte nicht weggeschmissen werden müssen. Das ist auch aus Umweltgründen eine gute Tat und wirkt sich gleichzeitig positiv auf Ihren Geldbeutel aus.

## ANTIZYKLISCHES EINKAUFEN

Das ist ein weiterer interessanter Punkt, um beim Einkaufen Geld einzusparen. Jeder kennt es, es ist Frühling und die Winterkleidung kann wieder im Schrank verstaut werden. Modegeschäfte möchten ihre überzählige Winterkleidung loswerden und verkaufen Sie mit großen Rabatten, um Leute zum Kaufen zu bewegen. Das ist für Sie eine gute Gelegenheit, um für den nächsten Winter vorzubeugen.

Das ist aber nicht nur im Modebereich möglich. Wenn Sie die Augen offenhalten, werden Ihnen weitere Schlussverkauf-Angebote auffallen, die Sie nutzen können. Dabei ist es aber wichtig, auch auf die Qualität zu achten. Denn viele Produkte sind aus gutem Grund nicht gekauft worden, weil Sie eventuell schnell kaputt gehen oder nicht den Wünschen der Käufer entsprechen.

Wenn Sie sich einen neuen Fernseher oder ein anderes Elektronikgerät kaufen möchten, so lohnt es sich oftmals, auch auf jährliche Rabattaktionen zu warten. Gerade zu den Weihnachtsfeiertagen und sonstigen Festtagen werden die Preise gesenkt und Anbieter locken mit günstigen Angeboten. Trotzdem sollten Sie nicht jedes Angebot sofort nutzen, denn es ist nicht immer sicher, ob Sie damit ein wirkliches Schnäppchen machen. Deshalb informieren Sie sich am besten, bevor Sie sich dazu entscheiden, es zu kaufen.

## KURZREISEN STATT LANGER REISE INS AUSLAND

Wenn Sie sich einen Urlaub gönnen, denken Sie dabei nicht nur an das Ausland und an außergewöhnliche Trips ans Mittelmeer. Sie können auch einfach über das Jahr verteilt mehrere Kurztrips machen, die Ihre Urlaubskasse auch nicht auf einmal sprengen.

Innerhalb von Europa gibt es viele kleine Urlaubsparadiese und Städte mit den unterschiedlichsten Angeboten. Das ist auf jeden Fall günstiger, als sich für eine weite Urlaubsreise zu entscheiden, bei der Sie auf das Flugzeug angewiesen sind.

Die Hin- und Rückflüge für eine Reise sind sehr teuer und Sie belasten damit Ihre Urlaubskasse extrem. Schauen Sie sich nach interessanten Zielen in der Nähe um, die Sie mit dem Auto oder am besten mit Bus und Bahn erreichen können. Durch die geringeren Kosten haben Sie mehr in der Tasche und können es sich dann lieber vor Ort gut gehen lassen.

Zudem muss es nicht immer eine lange Reise über mehrere Wochen sein. Die Hotelkosten für ein ordentliches Hotel sind auch nicht für jeden erschwinglich. Planen Sie lieber kleinere Kurztrips über das Wochenende oder über wenige Tage. Dann haben Sie vielleicht auch öfters im Jahr die Möglichkeit, aus dem Alltag zu entfliehen, anstatt nur einmal im Jahr für mehrere Wochen unterwegs zu sein.

## LEIHEN ANSTATT KAUFEN

Das Ausleihen ist um einiges günstiger als das Kaufen von verschiedenen Produkten. Dabei gibt es unzählige Beispiele: Bücher, E-Books, Zeitschriften, Videofilme, Videospiele und vieles mehr. Es ist eine einfache Methode, um Geld einzusparen.

Im Normalfall zahlen Sie für ausgeliehene Waren nur kleine Beträge, die Ihren Geldbeutel nicht allzu sehr belasten. Und sobald es seinen Zweck erfüllt hat, geben Sie es wieder zurück. Das ist nicht nur geldsparend, sondern auch umweltschonend. Wenn Sie diesen Tipp regelmäßig umsetzen, anstatt sich neue Produkte zu kaufen, haben Sie wieder einen kleinen Schritt zu einem sparsameren Leben gemacht.

# Zusätzliche Einkünfte erwirtschaften

Durch die Informationen in den vorigen Kapiteln haben Sie nun erfahren, wie Sie effektiv und mit einfachen Mitteln Geld einsparen. Im folgenden Kapitel möchte ich Sie nun darauf aufmerksam machen, dass es auch möglich ist, Ihre Haushaltskasse durch zusätzliche Einnahmen aufzubessern. Das muss nicht immer mit einem 450-Euro-Job passieren, denn es gibt auch weitere interessante Möglichkeiten, um Geld zu verdienen.

Dazu müssen Sie sich einige Gedanken machen und Sie werden Einnahmequellen entdecken. Stellen Sie sich im ersten Schritt einmal folgende Fragen:

**Welche besonderen Fähigkeiten und Kenntnisse habe ich?**
**Zu welchen Zeiten habe ich Zeit und welcher Zeitumfang steht mir zur Verfügung?**
**Was mache ich gerne in der Freizeit? Was sind meine Hobbys?**

Lassen Sie sich dazu ruhig etwas Zeit und fragen Sie auch im Verwandten- und Freundeskreis nach Meinungen. Vielleicht haben Sie Fähigkeiten, die Ihnen nicht bewusst sind, und Sie haben eine weitere Möglichkeit, um damit Geld zu verdienen.

Sobald Sie wissen, welche Tätigkeiten und welcher Zeitumfang Ihnen zur Verfügung stehen, können Sie sich auf die Suche nach geeigneten Nebentätigkeiten machen.

Dabei haben Sie vor allem im Internet die Möglichkeit, interessante Tätigkeiten zu entdecken. Dabei sind Ihrer Fantasie so gut wie keine Grenzen gesetzt, denn Sie werden zu jedem Thema etwas Interessantes finden. Achten Sie dabei auf Angebote, die zu Ihren Interessen und Fähigkeiten passen, und bleiben Sie am Ball. Sie werden vielleicht nicht sofort die perfekte

Nebentätigkeit finden, aber auf jeden Fall werden Sie einige interessante Seiten finden. Diese sollten Sie regelmäßig besuchen, um nach Nebentätigkeiten Ausschau zu halten.

Wichtig ist, dass Sie kontinuierlich nach weiteren Einnahmequellen suchen. Dabei steht im Mittelpunkt, dass Sie Spaß und Freude bei der Arbeit haben und am besten auch flexibel Ihre Arbeitszeiten gestalten können. Denn im Endeffekt bringt es nichts, viel zu arbeiten, Geld zu verdienen und dann am Ende nicht wirklich etwas davon zu haben. Versuchen Sie, Ihre Persönlichkeit zur Entfaltung zu bringen und Ihre Stärken und Fähigkeiten gewinnbringend einzusetzen.

Nun werde ich Ihnen einige interessante Möglichkeiten für zusätzliche Einnahmen aufzeigen. Vielleicht finden Sie darunter schon einige interessante Jobs, die genau Ihren Vorstellungen entsprechen. Aber wie schon vorher erwähnt, sollten Sie sich nicht nur auf diese Standard-Tätigkeiten begrenzen, sondern auch Ihre eigenen Vorstellungen mit einbringen. Sie werden erstaunt sein, welche Möglichkeiten Ihnen zur Verfügung stehen, um Ihre monatlichen Einnahmen zu erhöhen.

## KLEINANZEIGEN NACH GEEIGNETEN TÄTIGKEITEN DURCHFORSTEN

Eine ganz einfache Vorgehensweise, um sich ein paar Euro dazu zu verdienen, ist es, sich in Anzeigenmärkten nach geeigneten Jobs umzuschauen. Viele Privatleute suchen auf diesem Weg nach Ihrer Arbeitskraft. Manchmal ist es auch nur eine einmalige Hilfe, aber Sie werden hier auch Menschen finden, die langfristig nach Unterstützung suchen.

Das ist zumeist viel unkomplizierter, als sich einen 450-Euro-Job bei einem Unternehmen zu suchen. Die Tätigkeitsbereiche gehen dabei sehr weit auseinander: Babysitter, Tiersitter, Haushaltshilfe oder Putzkraft sind nur einige Beispiele für private Hilfstätigkeiten.

Der größte Vorteil dabei ist, dass Sie Ihre Arbeitszeiten selbst festlegen können und auch selbst entscheiden, wie viel Sie arbeiten möchten.

Natürlich werden Sie durch mehr Arbeit auch mehr Geld verdienen, aber es ist besser, sich da nicht zu viel zuzumuten.

Ein weiterer Vorteil dieser Hilfstätigkeiten ist, dass Sie sich auch wirklich gebraucht fühlen, da diese Personen meist sehr dankbar für Ihre Unterstützung sind. Dieses Gefühl werden Sie nur selten bei einem regulären 450-Euro-Job finden. Sie helfen Menschen aus Ihrer Region und erzielen dabei auch noch einen guten Gewinn. Außerdem sollten Sie die Mundpropaganda nicht unterschätzen. Sie werden eventuell noch weitere Arbeitsmöglichkeiten finden, die Ihre Kasse aufbessern, und dabei Spaß haben.

## EIGENE KLEINANZEIGEN ERSTELLEN UND GÜNSTIG WERBUNG VERBREITEN

Sie haben auch die Möglichkeit, Ihre eigenen Anzeigen zu schalten und hier Ihre Dienstleistungen anzubieten. Im Internet finden Sie zahlreiche Anzeigenportale, in denen Sie kostenfrei inserieren können. Als Beispiele zu nennen sind eBay Kleinanzeigen oder Quoka.

Bei der Erstellung der Anzeige sollten Sie vor allem darauf achten, dass Sie eine ordentliche Formulierung verwenden und genau von Ihren Kenntnissen und Erfahrungen berichten. Das schafft Vertrauen und Sie werden viel wahrscheinlicher Arbeitsmöglichkeiten finden.

Gezielt Werbung zu machen, unterstützt Sie dabei, mehr Leute anzusprechen und zu zeigen, dass Sie es auch ernst meinen. Hier ist Ihre Kreativität nun gefragt. Um Werbung zu machen, gibt es die verschiedensten Wege, die auch nicht immer mit großem Aufwand verbunden sind.

Erstellen Sie Flugblätter am PC und drucken Sie diese in größerer Anzahl aus. Diese Flugblätter verteilen Sie in Ihrer Nachbarschaft und Sie können sich sicher sein, dass Sie auf sich aufmerksam machen werden. Sie müssen die Flugblätter auch nicht direkt an Ihre Nachbarn verteilen, gerne können Sie diese auch in den Briefkasten werfen und innerhalb weniger Stunden sehr viele Menschen erreichen.

Auch eine gute Möglichkeit, um kostengünstig Werbung zu machen, ist die Erstellung von Visitenkarten. Sie können diese selbst erstellen oder sie von einem Unternehmen fertigen lassen. Das ist eine gute Investition und die Kosten sind auch nicht sehr hoch. Diese Visitenkarten können Sie dann entweder verteilen oder Sie fragen bei Verkaufsgeschäften, ob es möglich ist, diese dort auszulegen.

Sehr wichtig dabei ist es, nicht den Mut zu verlieren, wenn es nicht sofort Anfragen gibt. Bleiben Sie am Ball und erledigen Sie die Aufgaben mit Zuverlässigkeit und Freundlichkeit. Es wird sich schnell herumsprechen und Sie bekommen dadurch mehr Anfragen. Damit werden Sie auch langfristig eine regelmäßige Einnahmequelle erzielen.

# Gebrauchsgegenstände kaufen und verkaufen

Um Gebrauchtes im Internet zu kaufen und wieder zu verkaufen, benötigen Sie keine Werbung und es ist normalerweise stressfrei. Dabei geht es auch nicht nur um das Ankaufen und Verkaufen von Artikeln. Sie können auch durch den Verkauf von nicht mehr benötigten Artikeln Ihres Haushalts Geld dazu verdienen.

Sie werden in der Regel immer einen Käufer finden, solange es nicht ein außergewöhnliches Produkt ist. Auch kann es viel Spaß machen, mit den Käufern über Preise zu verhandeln, solange es sich im Rahmen hält. Sortieren Sie einmal Ihren Kleiderschrank aus oder räumen Sie Ihren Kellerraum leer. Hier finden Sie bestimmt einige interessante Produkte, die Sie als Gebrauchsgegenstände verkaufen können.

Für den Ankauf und Verkauf von gebrauchten Produkten ist es wichtig, sich davor zu informieren, welche Verdienstaussicht Sie mit dem Artikel haben. Gebrauchte Gegenstände sollten im besten Fall in einem sehr guten Zustand sein. Dann haben Sie die Möglichkeit, auch höhere Preise zu verlangen, die für Ihren Arbeitsaufwand lohnend sind.

Auch empfehlenswert ist es, sich gleich mehrere Artikel eines Verkäufers zu sichern. Viele Anbieter verkaufen Kleiderpakete mit vielen verschiedenen Kleidungsstücken für Jung und Alt. Hier haben Sie mit viel Glück auch ein Schnäppchen gemacht, wenn Sie ein oder zwei Kleidungsstücke zu einem höheren Preis verkaufen. Dann haben Sie eventuell schon die Kosten für das Paket mit nur wenigen Kleidungsstücken abgedeckt.

Bei dieser Art des Nebenverdienstes ist es wichtig, nicht zu viel zu riskieren. Hier ist es dann auch einfach wichtig, über Erfahrungen zurückgreifen zu können. Deshalb sollten Sie es anfangs nicht übertreiben und eher die sicheren Investitionen tätigen.

## KOSTENLOSE PRODUKTE ABSTAUBEN ALS PRODUKTTESTER

Ein guter Weg, um neue Produkte kennenzulernen und dabei den Geldbeutel nicht zu belasten, ist es, als Produkttester zu arbeiten. Hierzu finden sich im Internet einige Angebote, bei denen Sie ohne großen Aufwand in Ihrem Alltag Produkte testen dürfen.

Das läuft im Normalfall so ab: Sie melden sich bei einem oder mehreren Anbietern an und haben dort die Möglichkeit, sich für Produkttests zu bewerben. Wenn Sie eine Zusage bekommen, müssen Sie das Produkt im Online-Shop kaufen und testen. Das ist nicht sehr kompliziert und Sie lernen interessante Dinge kennen.

Nach der erfolgten Produktbewertung erhalten Sie den Kaufbetrag wiedererstattet. Das ist vor allem bei ganz neuen Produkten und unbekannten Herstellern beliebt, da sich dadurch die Bekanntheit und Beliebtheit der angebotenen Artikel erhöhen lässt.

Hier verdienen Sie nun nicht unbedingt Geld dazu, aber es gibt hier auch viele Alltagsprodukte, die Sie in diesem Fall kostenlos bekommen. Also im Prinzip sparen Sie sich das Geld beim Einkaufen und entlasten Ihr Einkaufsbudget.

## ONLINE UMFRAGEN AUSFÜLLEN UND GELD VERDIENEN

Eine weitere sehr beliebte Methode, um Geld dazu zu verdienen, sind Online-Umfragen. Hier gibt es ebenfalls einige Anbieter, die Sie auch verbinden können, um Ihre Einnahmen zu erhöhen.

Hierzu braucht man keine großen Erfahrungen und jeder kann diese Umfragen ausfüllen. Oft verdienen Sie hier nur wenige Euro pro Umfrage, doch die Masse an Umfragen verhilft Ihnen zu einem höheren Einkommen. Dabei gibt es Umfragen, die nur 5 Minuten benötigen, aber auch größere Umfragen, die bis zu einer Stunde dauern, sind vorhanden. Je länger die Umfrage benötigt, desto höher ist auch der Verdienst. Aber es gibt hier auch immer wieder Sonderaktionen, wenn Sie in die Zielgruppe passen und es zu wenige Teilnehmer gibt.

Aus meiner Sicht ist das aber keine Einnahmequelle, die allzu große Verdienste abwirft. Deshalb ist es so wichtig, fleißig zu sein sowie auch mehrere Umfrageportale zu nutzen, um Ihre Einkünfte hochzuschrauben.

## CARSHARING/MITFAHRGELEGENHEITEN ANBIETEN

Gute zusätzliche Verdienste lassen sich mit Carsharing und Mitfahrgelegenheiten erzielen. Carsharing ist das Zur-Verfügung-Stellen Ihres Autos für andere Menschen – ganz ähnlich zu einer professionellen Autovermietung. Hier wird das Auto aber in der Regel nur für wenige Stunden zur Verfügung gestellt.

Wenn Sie nicht den ganzen Tag auf Ihr Auto angewiesen sind, bieten Sie es doch zum Carsharing an. Damit helfen Sie anderen Menschen und haben auf einfachem Weg Geld verdient. Es kommt dabei zumeist nicht darauf an, was für ein Auto Sie zur Verfügung stellen. Es kann auch schon etwas älter sein, denn es soll meistens nur für einfache Wegstrecken und Einkäufe verwendet werden.

Falls Sie mit Ihrem Auto tagsüber viel unterwegs sind bzw. weite Wegstrecken zurücklegen, können Sie auch als Mitfahrgelegenheit Geld verdienen. Viele Bürger werden sehr dankbar für diese Möglichkeit sein und die Verdienstmöglichkeiten sind gut. Wenn man die Preise für Bahn- und Busverbindungen betrachtet, kann es für viele Menschen interessant sein, auf eine Mitfahrgelegenheit zurückgreifen zu können.

Auch hier gibt es im Internet einige Seiten, die sich auf die Vermittlung von Mitfahrgelegenheiten spezialisiert haben. Hier können Sie dann Ihre tägliche Streckenverbindung angeben und werden hoffentlich Personen finden, die diese Möglichkeit gerne nutzen werden.

Da Sie sowieso mit dem Auto in dieser Richtung unterwegs sind, haben Sie auch nicht wirklich höhere Ausgaben. Etwas höhere Spritkosten sollten es aber wert sein, wenn Sie damit ein Vielfaches davon verdienen.

## NACHHILFE GEBEN

Haben Sie besondere Kenntnisse und Fähigkeiten? Dann bieten Sie doch Ihre Dienste als Nachhilfelehrer an. Es wird hier einige Interessenten geben, die Ihnen zusätzliche Euro für die Haushaltskasse erwirtschaften werden.

Die Möglichkeiten hier sind sehr vielseitig: Fremdsprachen, Mathematik oder Deutsch sind nur einige Beispiele, wofür Nachhilfelehrer immer wieder gesucht werden. Von jungen Schülern über Studenten und andere wissbegierige Menschen: Der Kundenkreis ist hier auch sehr vielseitig und Sie können sich die richtige Zielgruppe aussuchen.

Hier können Sie auch wieder in Ihrer Nachbarschaft nach Interessierten suchen. Erstellen Sie hierzu ein interessantes Flugblatt und verteilen Sie es. Dann ist Ihnen der ein oder andere zusätzliche Euro sicher.

## WEBSEITEN UND APPS TESTEN

Eine weitere kleine Einnahmequelle ist das Testen von Webseiten und Apps. Hier haben Sie den Vorteil, dass Sie ganz ohne Druck und nur durch Ihren eigenen Antrieb Geld erwirtschaften können.

Das Prinzip ist hier so ähnlich wie bei den Produkttests. Es werden Ihnen verschiedene Tests angeboten, in denen Sie bestimmte Funktionen testen und bewerten müssen. Manchmal ist es auch nicht nötig, Bewertungen abzugeben, sondern Sie müssen bestimmte Punkte abarbeiten, um die Funktion einer Webseite oder einer App zu testen.

Ob man hiermit viel Geld verdienen kann, kann ich nicht gut einschätzen. Bei vielen Anbietern erhalten Sie auch nur Gutscheine anstatt direkte Geldbeträge. Am besten probieren Sie verschiedene interessante Nebentätigkeiten aus, um herauszufinden, welche Ihnen langfristig zusätzliche Einnahmen generieren.

## UNGENUTZTEN WOHN- UND LAGERRAUM VERMIETEN

Dieser Nebenverdienst bietet sich für Personen an, die eigene Wohn- oder Lagerräume besitzen. Aber auch hier haben Sie die Möglichkeit, kreativ zu sein, um lukrative Einnahmen zu generieren.

Als Beispiel schlage ich vor, eine Wohnung in der Urlaubszeit zu vermieten. Wenn Sie sowieso verreisen möchten und schon den genauen Zeitpunkt wissen, können Sie hier zum Beispiel Ihre Wohnung für diesen Zeitraum bereitstellen. Das ist nicht für jeden interessant, trotzdem möchte ich Ihnen das einfach ans Herz legen, um sich dazu Gedanken zu machen.

Auch über das Wochenende bietet sich das Vermieten von Wohnräumen an. Es muss also nicht eine lange Zeitspanne sein, in der Sie die Wohnung vermieten.

Natürlich ist es in diesem Zusammenhang auch interessant, das Vermieten von Lagerräumen oder kleinen Lagerflächen in Betracht zu ziehen. Es gibt Menschen, die für einen bestimmten Zeitraum Lagerflächen suchen, z. B. für das Lagern von Winter- und Sommerreifen, Kleidung oder Gartenzubehör. Das ist eine gute Gelegenheit für Sie, um daraus Nutzen zu ziehen, indem Sie diese unbenutzten Flächen anbieten. Auch wenn es nicht immer erfolgreich sein wird, ist es auf jeden Fall einen Versuch wert.

## BLUT SPENDEN

Wenn Sie sich nur ein paar Euro dazu verdienen und nebenbei damit anderen Menschen helfen möchten, sollten Sie Blut spenden gehen. Hier erhalten Sie aber meistens nur einen kleinen Betrag von maximal 20-30 Euro. Es ist aber sehr unkompliziert und Sie müssen dafür nicht wirklich arbeiten.

Sollten Sie das regelmäßig machen, schaffen Sie sich zumindest eine kleine zusätzliche Einnahmequelle. Aber auch viele kleine Summen werden am Ende zu einer großen Summe. Deshalb ist jede zusätzliche Einnahme willkommen auf dem Weg in ein sparsameres Leben.

## MEHRERE NEBENTÄTIGKEITEN MITEINANDER VERKNÜPFEN

Falls Sie zeitlich flexibel und organisatorisch begabt sind, ist es ratsam, mehrere Nebentätigkeiten miteinander zu verbinden, um Ihre Einkünfte noch weiter zu erhöhen.

Wenn Sie als Hundesitter arbeiten möchten und mit dem Hund sowieso in der Nachbarschaft unterwegs sind, verteilen Sie in dieser Zeit einige Flyer. Zuhause angekommen passen Sie gut auf das Tier auf und nebenbei können Sie z. B. Online-Umfragen ausfüllen.

Es gibt hier unendlich verschiedene Möglichkeiten, um die Tätigkeiten miteinander zu verknüpfen. Und Sie werden schnell feststellen, dass es Freude macht, sich selbst zu organisieren und dabei nicht den Überblick zu verlieren.

Selbstverständlich sollten Sie es nicht übertreiben und eine Tätigkeit vernachlässigen. Hier ist es einfach wichtig, sich selbst zu beobachten und geeignete Verbindungen herauszufinden. Sie haben es bei diesen Nebentätigkeiten selbst in der Hand, wie viel Zeit und Aufwand Sie investieren möchten. Das sollten Sie in Ihrer Planung berücksichtigen.

## LISTE FÜHREN ÜBER ALLE TÄTIGKEITEN

Was ich Ihnen auch noch empfehle, ist eine Liste zu führen über die Tätigkeiten und den Zeitaufwand sowie den Verdienst. Damit können Sie später dann vergleichen, mit welchen Aufgaben Sie am meisten Geld verdienen.

Mit dieser Übersicht haben Sie alle Informationen über Ihre neuen Einnahmen im Blick und Sie haben die Möglichkeit, daraus die richtigen Schlüsse zu ziehen. Haben Sie bei einer Tätigkeit nur wenige Stunden gearbeitet und dabei einen guten Stundenlohn erzielt, ist das eine gute Nebentätigkeit. Bei hohem Zeitaufwand und eher geringem Ertrag ist es allerdings zu empfehlen, die Tätigkeit erst einmal in Ihren Prioritäten nach hinten zu schieben.

Sie haben es jederzeit selbst in der Hand, auf welche Bereiche Sie sich konzentrieren. Das ist eine gute Möglichkeit, um den Überblick zu behalten und so nicht lukrative Nebentätigkeiten auszusortieren. Aber seien Sie dabei auch nicht zu voreilig, denn manche Tätigkeiten benötigen eine gewisse Anlaufzeit, um wirkliche Erträge abzuwerfen. Deshalb ist es zu empfehlen, die Liste regelmäßig zu aktualisieren und dann wieder Vergleiche anzustellen – so lange, bis Sie die optimalen Einnahmequellen gefunden haben.

# Strukturierte Finanzplanung für Einsteiger

Nachdem Sie nun Ihre Ausgaben reduziert und Ihre Einnahmen im besten Fall erhöht haben, geht es jetzt darum, Ihre Finanzen mit System zu managen. Hierbei ist es wichtig, dass Sie jederzeit den Überblick über die Einnahmen und Ausgaben behalten. Und Sie sollten wissen, welche Möglichkeiten Sie in Zukunft haben, um das Geld gewinnbringend anzulegen.

Schritt für Schritt erkläre ich Ihnen in diesem Kapitel, wie Sie dabei vorgehen sollten. Das ist allerdings nur ein Beispiel für eine strukturierte Finanzplanung. Sie können dabei auch gerne Ihre eigene Kreativität miteinbeziehen, um die Planung nach Ihren eigenen Vorstellungen zu gestalten. Dann haben Sie mehr Freude an der selbst erstellten Finanzplanung, was sehr wichtig ist, um auch in schwierigeren Zeiten die Motivation für das Projekt „Geld sparen" hochzuhalten.

## SCHRITT 1: HAUSHALTSPLAN AKTUELL HALTEN

Wie ich bereits im zweiten Kapitel dieses Buches beschrieben habe, ist es sehr wichtig, eine Übersicht über die persönlichen Finanzen zu erstellen. Mit dem Haushaltsplan über Ihre Einnahmen und Ausgaben haben Sie hier bereits eine gute Informationsquelle zur Hand. Es ist in Ihrem Interesse, die Finanzübersicht regelmäßig zu aktualisieren und auf Veränderungen der Einnahmen und Ausgaben Rücksicht zu nehmen.

Auch wenn es nur kleine Veränderungen gibt, sollten Sie diese schnellstmöglich in Ihrem persönlichen Finanzplan berücksichtigen. Denn auch kleine Beträge verändern Ihre finanzielle Lage und je mehr kleinere Veränderungen anfallen, desto schwieriger wird es für Sie, den Überblick zu behalten. Deshalb ist es wichtig, sich die Zeit zu nehmen, die Finanzübersicht immer wieder zu überprüfen und zu korrigieren.

Damit Sie eine noch ausführlichere Übersicht haben, rate ich Ihnen deshalb, hier auch Ihre täglichen Ausgaben miteinzubeziehen. Ob es nun der tägliche Einkauf im Supermarkt ist oder der Besuch beim Friseur: Nehmen Sie das in Ihren Haushaltsplan mit auf. Sie werden feststellen, dass auch kleine Beträge sich schnell zu einer größeren Ausgabenquelle entwickeln. Deswegen seien Sie immer aufmerksam und bleiben Sie auf dem Laufenden mit Ihren Ausgaben.

Zudem werden Ihnen hier wieder Einsparmöglichkeiten auffallen, die Ihnen nicht auf den ersten Blick bewusst sind. Dann haben Sie jederzeit die Gelegenheit, dagegen Maßnahmen zu ergreifen, die Ihnen für die Zukunft finanzielle Spielräume verschaffen.

Ein guter Tipp für das regelmäßige Aktualisieren dieses Haushaltsplanes ist es, sich jede Woche eine halbe Stunde dafür Zeit zu nehmen. Dann werden Sie auf jeden Fall den Überblick behalten und es ist relativ unwahrscheinlich, dass Sie irgendetwas vergessen.

## SCHRITT 2: WOCHEN- ODER MONATSBUDGET FESTLEGEN

Nachdem Sie Ihren persönlichen Haushaltsplan vollständig aktualisiert haben, sollten Sie sich darüber Gedanken machen, ein aktuelles Budget für die nächsten Wochen und Monate festzulegen. Hierbei sollten Sie nicht zu weit in die Zukunft schweifen, denn durch kurzfristige, zusätzliche Ausgaben werden Sie immer wieder das Budget anpassen müssen.

Deshalb ist es aus meiner Sicht empfehlenswert, das Budget auf maximal einen Monat zu begrenzen. Am besten ist es jedoch, sich einfach für jede Woche neu auf die aktuellen Gegebenheiten einzustellen.

Am Anfang ist es selbstverständlich schwierig, einzuschätzen, wie hoch Sie das Budget ansetzen sollten. Aber durch Ihre persönlichen Erfahrungen wird Ihnen das mit der Zeit leichter fallen und Sie werden es ungefähr einschätzen können.

Schauen Sie sich die Haushaltsübersicht genau an und geben Sie sich realistische, erreichbare Ziele vor. So werden Sie jede Woche ein

Erfolgserlebnis verspüren, wenn Sie unter Ihrem vorgegebenen Budget bleiben. Außerdem müssen Sie sich dann nicht mehr über jeden Euro Gedanken machen, da Sie genau wissen, welcher Betrag auf jeden Fall zur Verfügung steht.

Das Ganze hat nebenbei auch noch einen guten Lerneffekt. Sie werden ein besseres Gefühl für Geld bekommen und realitätsnaher einschätzen können, welche Ausgaben nun unbedingt nötig sind und auf welche Ausgaben Sie lieber verzichten sollten.

Das muss nicht heißen, dass Sie sich nicht etwas Außergewöhnliches gönnen dürfen. Aber das wöchentliche oder monatliche Budget sollte sich vor allem auf die alltäglichen Einkäufe und Besorgungen beschränken. Falls dann am Ende des Zeitraumes noch finanzielle Mittel zur Verfügung stehen, können Sie sich selbst nach Ihren Vorstellungen belohnen oder das Geld auch einfach zur Seite legen. Das bleibt Ihnen selbst überlassen und Sie haben es selbst in der Hand, wofür Sie im Endeffekt das gesparte Geld verwenden möchten.

## SCHRITT 3: GELDRESERVE FÜR AUßERGEWÖHNLICHE AUFWENDUNGEN AUFBAUEN

Trotz aller guter Planung gibt es immer wieder Situationen, in denen Sie unvorhergesehene Ausgaben haben werden. Deshalb ist es wichtig, eine Geldreserve aufzubauen, um auf kurzfristige Aufwendungen vorbereitet zu sein. Beispiele für solche außergewöhnlichen Aufwendungen sind eine Autoreparatur und defekte Elektronikgeräte.

Es gibt zu diesem Thema nicht die perfekte Strategie und den optimalen Betrag. Das ist von Haushalt zu Haushalt unterschiedlich. Eine Familie mit Kindern benötigt eine höhere Rücklage als eine Person, die in einem Singlehaushalt lebt. Deshalb sollten Sie hierzu eine individuell auf Sie zugeschnittene Lösung finden.

Auf jeden Fall sollten Sie darauf auf keinen Fall verzichten. Es werden immer wieder außergewöhnliche Belastungen auf Sie zukommen, die sich in den meisten Fällen nur mit einer zusätzlichen Geldreserve begleichen lassen.

Was dabei allerdings zu beachten ist, ist, dass laufende Kredittilgungen und Darlehen Vorrang vor dieser Geldreserve haben. Zuerst sollten Sie die aktuellen Kosten gedeckt haben, bevor Sie darüber nachdenken, eine großzügige Reserve aufzubauen.

Hierbei hilft Ihnen der Haushaltsplan sehr gut. Mit Ihrer Übersicht über alle Einnahmen und Ausgaben sind Sie vorbereitet auf verschiedenste zusätzliche Kosten und Sie haben eine aktuelle Bestandsaufnahme. Sobald Sie Ihre Einnahmen erhöht und die Ausgaben verringert haben, werden Ihnen finanzielle Spielräume zur Verfügung stehen. Dann haben Sie die Gelegenheit, eine passende Geldreserve anzulegen.

Es ist Ihnen selbst überlassen, wie Sie dieses Geld zur Seite legen. Sie sollten auf jeden Fall schnell Zugriff darauf haben, damit Sie im Notfall auch sofort reagieren können. Richten Sie ein gesondertes Girokonto bei einer Direktbank ein oder legen Sie es zuhause in einen Safe. Dafür gibt es viele verschiedene Möglichkeiten, wobei Sie einfach darauf achten sollten, dass es nicht zu kompliziert ist, an das Geld heranzukommen.

## SCHRITT 4: PERSÖNLICHE BEDÜRFNISSE ERMITTELN

Jeder Mensch hat andere Ziele und Bedürfnisse im Leben. Darum ist es ebenfalls wichtig, diese zu ermitteln und sich persönliche Ziele zu setzen. Dabei ist es empfehlenswert, zwischen kurzfristigen, mittelfristigen und langfristigen Zielen zu unterscheiden. Hierzu habe ich Ihnen im folgenden Text einige Beispiele angegeben.

**Beispiele für kurzfristige Ziele und Bedürfnisse:**

- Sommerurlaub/Winterurlaub
- Neuer Fernseher
- Konzerttickets/Festivaltickets
- Wochenendtrip
- Besuch eines Volksfestes

Wie Sie hier schnell erkennen, geht es dabei hauptsächlich um Ausgaben, die sich mit einigen Monaten Sparen erreichen lassen. Aber das ist auch immer abhängig von den persönlichen, finanziellen Verhältnissen.

Wenn Sie nur einen kleinen Betrag von unter 20 Euro im Monat sparen können, kann es auch etwas länger dauern, das Sparziel zu erreichen. Allerdings sind das hauptsächlich Ziele, die etwas mit Ihrer Freizeitgestaltung zu tun haben. Sie werden auch noch weitere kurzfristige Sparziele finden, die sich an Ihre individuelle Person anpassen lassen.

Erreichen Sie das Sparziel schneller, als Sie es geplant haben, werden Sie sich über den Erfolg freuen und dann haben Sie alles richtig gemacht. Sie haben auch gezeigt, dass Sie die Geduld und das Durchhaltevermögen mitbringen, um diese kurzfristigen Ziele zu erreichen.

**Beispiele für mittelfristige Ziele und Bedürfnisse:**

- Hochzeit
- Kinder bekommen
- Weiterbildung
- Neues Auto
- Umzug

Hier geht es vor allem um private Angelegenheiten, die der Alltag des Lebens so mit sich bringt. Aber auch diese Ziele lassen sich mit Geduld und ein wenig Sparsamkeit gut erreichen. In der heutigen, schnelllebigen Zeit ist es wichtig, sich nicht selbst zu viel Druck zu machen.

Es geht dabei darum, Prioritäten zu setzen und keine unwichtigen Dinge als Ziel festzulegen. Angepasst an Ihre Bedürfnisse werden Sie diese Ziele auch in einem mittelfristigen Rahmen erreichen und Sie können nebenbei weiter ein beruhigtes Leben führen.

Um schneller an Ihr Sparziel zu kommen, helfen hier auch bereits kurz- bis mittelfristige Investitionen. Aus diesen Investitionen erzielen Sie im besten Fall gute Erträge und dabei haben Sie kein hohes Risiko. Später in diesem Buch werde ich auf wichtige Investitionsmöglichkeiten eingehen und Ihnen zu diesem Thema eine gute Übersicht darstellen.

**Beispiele für langfristige Ziele und Bedürfnisse:**

- Altersvorsorge
- Eigentumswohnung/Hauskauf
- Selbstständigkeit
- Finanzielle Unabhängigkeit
- Früher in Rente gehen

Nun sind wir bei den langfristigen Zielen angelangt, die sich meistens nur über einen großen Zeitrahmen erreichen lassen. Wenn Sie sich langfristige Ziele setzen, ist es wichtig, nicht die Motivation zu verlieren und sich im Klaren darüber zu sein, dass das Ziel Ihnen in Zukunft ein befreites, sorgenfreies Leben bereitet.

Hierbei gibt es einige verschiedene Möglichkeiten, diese Ziele zu erreichen, z. B. auch durch Investitionen mit höherem Risiko. Diese Ziele und Bedürfnisse lassen sich im Normalfall nicht nur durch normales Sparen erreichen. Dazu gehören auch Mut und die Bereitschaft, sich auf neue Gegebenheiten einzustellen. Denn Sie werden bei diesen Projekten sehr lange auf die Erreichung hinarbeiten müssen, was vor allem Disziplin und auch Durchhaltevermögen erfordert.

Wenn Sie diese zwei Eigenschaften besitzen, steht die Wahrscheinlichkeit, dass Sie Ihre langfristigen Sparziele auch erreichen, sehr gut.

Aber auch Menschen, die damit Schwierigkeiten haben, werden beim Sparen schnell dazu lernen. Der Erfolg stellt sich nicht von heute auf morgen ein, das ist bei den meisten anderen Projekten auch nicht anders. Wichtig ist nur, dass Sie Einsatz zeigen und die nötigen Chancen und Maßnahmen ergreifen, um Ihre Ziele zu erreichen.

## SCHRITT 5: GEEIGNETE ANLAGE- UND SPARMÖGLICHKEITEN FINDEN

Im letzten Schritt sollten Sie geeignete Anlage- und Sparmöglichkeiten, angepasst an Ihre Ziele und Bedürfnisse, finden.

Für kurz- und mittelfristige Ziele ist es nicht unbedingt notwendig, ausgefallene Sparmaßnahmen zu ergreifen. Hier können Sie auch auf das klassische Sparschwein zurückgreifen oder Sie richten sich ein Tagesgeldkonto bei einer Direktbank ein.

Direktbanken haben den Vorteil, dass Sie in der Regel günstiger sind als ein Konto bei Sparkassen und regulären Banken. Diese Direktbanken operieren zumeist ausschließlich im Internet und die Kommunikation mit der Bank erfolgt per Telefon und E-Mail. Das ist für den Kunden so günstig, weil dann nicht extra vor Ort oder in der Region eine Filiale eröffnet werden muss. Zudem ist es auch sehr einfach, den Überblick über das Konto zu behalten. Durch passende Apps und auch im Internet haben Sie in Sekundenschnelle eine aktuelle Finanzübersicht über das Konto. Finanzgeschäfte lassen sich so von zuhause aus regeln und Sie haben immer die Kontrolle über das vorhandene Geld. Falls Sie dabei einmal Hilfe benötigen, bieten viele Direktbanken auch einen Live-Chat an. Damit ersparen Sie sich den Anruf bei der Bank sowie die lästige Wartezeit in der Warteschleife.

Eine weitere interessante Möglichkeit für das Sparen für kurz- und mittelfristige Finanzziele ist der Bezug einer Prepaid-Kreditkarte einer Bank. Das bieten mittlerweile fast alle klassischen Banken und Sparkassen an und auch hier haben Sie die volle Kontrolle über Ihre Finanzen. Eine Prepaid-

Kreditkarte wirft zwar keine Zinsen ab, aber Sie können damit weltweit bezahlen und die Gebühren für die Beantragung und Ausstellung einer Prepaid-Kreditkarte sind nicht sehr teuer. Oftmals werden Sie dazu im Internet auch Angebote finden, bei denen Sie keine Gebühr bezahlen – sozusagen als Willkommensgeschenk. Dabei sollten Sie allerdings auf die Preislisten achten, da für die Kreditkarte dann eventuell auch andere Gebühren erhoben werden. Außerdem zahlen Sie in der Regel eine jährliche Gebühr, die aber bei einer guten, seriösen Bank nicht sehr hoch ist. Es gibt dabei Angebote für Prepaid-Kreditkarten mit einer Jahresgebühr ab etwa 20 Euro. Das sollte es Ihnen wert sein, wenn Sie damit gut und zuverlässig Zugriff auf das Konto haben.

Langfristige Sparziele erreichen Sie am besten auch durch langfristige Investitionen mit höherem Risiko. Aber dabei geht es vor allem darum, geeignete Anlagemöglichkeiten zu finden, mit denen Sie auf lange Sicht Gewinne erzielen – zusätzlich zu Ihrem ersparten Vermögen.

Es gibt hierbei zahlreiche Möglichkeiten, die ich Ihnen im folgenden Kapitel ausführlicher vorstellen werde. Es ist dabei vor allem darauf zu achten, dass die Anlagen nicht zu riskant sind, damit Sie am Ende nicht mit weniger dastehen, als Sie zuvor geplant hatten.

Deshalb sollten Sie sich vorher Gedanken machen, wie hoch das Risiko für Ihre Vorstellungen sein darf. Denn es ist nicht empfehlenswert, unnötige Risiken einzugehen, bei denen Sie sich nicht wohlfühlen. Das führt dazu, dass es während der langfristigen Zeitspanne zu Unsicherheiten kommen kann, die nicht jede Person für lohnend hält.

Geduld und Standfestigkeit sind gefragt sowie auch eine gewisse finanzielle Sicherheit. Trotzdem ist eine langfristige Investition der beste Weg, um für große und außergewöhnliche Ziele Ihre Gewinne zu maximieren.

# Intelligente und effektive Investitionen

Um Ihr erspartes Geld gewinnbringend zu investieren, gibt es sehr viele verschiedene Möglichkeiten. Aber eine Investition ist auch immer mit einem gewissen Risiko verbunden, da es die perfekte, risikolose Kapitalanlage nicht gibt. In der Regel ist es so, dass riskante und langfristige Anlagen mit einem hohen Risiko verbunden sind. Dagegen sind sichere und kurz- bis mittelfristige Anlagen nicht sehr ertragreich. Sie sollten deswegen vor einer Investition abwägen und diese nach Ihren Sparzielen richten.

Zum Beispiel ist es nicht empfehlenswert, für eine geringe Erfolgsaussicht hohe Risiken einzugehen. Dann sollten Sie lieber nach einer etwas sichereren Anlagemethode suchen, die zwar nicht so viele Gewinne abwirft, aber bei der Ihre Risiken, das ganze Geld zu verlieren, relativ gering sind.

Am besten ist es, dabei einfach ein mittleres Maß zu finden und auch die Risiken realistisch einzuschätzen. Dabei helfen Ihnen Gespräche mit Beratern und auch Freunde und Bekannte werden Ihnen weiterhelfen. Denn die besten Ratschläge erhalten Sie von Personen, die auch selbst schon ähnliche Erfahrungen gemacht haben.

Auch ist es wichtig, die Investitionen nicht nur auf ein Gebiet zu beschränken. Sie sollten sich mit verschiedenen Möglichkeiten auseinandersetzen und danach die geeignete Investition finden. Es hilft dabei auch, das Geld aufzuteilen und nicht alles auf eine Karte zu setzen. So werden Sie auch schneller feststellen, welche Investitionen zu Ihnen passen und welche Sie in Zukunft lieber lassen sollten.

Bevor Sie sich mit Investitionen genauer befassen, sollten Sie sich einige wichtige Fragen stellen und diese auch realistisch beantworten:

**Wie viel Geld habe ich für eine Investition zur Verfügung?**
**Wie lange kann ich auf das Geld verzichten?**
**Welches Sparziel soll mit der Investition erreicht werden?**
**Wie häufig möchte ich mich darum kümmern?**
**Wie viel Risiko bin ich bereit, dafür einzugehen?**

Es liegt in Ihrem Interesse, diese Fragen mit der nötigen Genauigkeit zu beantworten. Denn sobald Sie das Geld einmal für eine bestimmte Anlageform nutzen, ist es empfehlenswert, auch dabei zu bleiben, um die größten Erfolgsaussichten zu haben.

Nun habe ich Ihnen für die verschiedensten Voraussetzungen einige interessante Anlage- und Investitionsformen zusammengestellt, die ich Ihnen hier im weiteren Verlauf genauer erläutern werde. Danach haben Sie eine gute Vorstellung davon, welche Anlagen für Sie infrage kommen und auf welche Sie lieber verzichten möchten. Unterteilt habe ich diese Investitionen in kurz- und mittelfristige Geldanlagen sowie in langfristige Geldanlagen.

Sie sollten sich einfach einmal einen Überblick über die Möglichkeiten eines Investments verschaffen, damit Sie in der Zukunft genau wissen, worauf dabei zu achten ist. Im Prinzip ist es am besten, das Geld auf mehrere Investments aufzuteilen, was aber nicht für jedermann umsetzbar ist. Lassen Sie es sich durch den Kopf gehen und eventuell werden Sie in Zukunft auch weitere Möglichkeiten finden, die Sie Ihrem gewünschten Sparziel näherbringen werden.

Außerdem können Sie sich auch gerne von Ihrer Bank oder im Internet ausführlicher beraten lassen. Aber Sie sollten dabei beachten, dass viele dieser Berater voreingenommen sind und Ihnen Investitionen verkaufen möchten, die nicht in Ihrem Interesse sind. Deshalb ist es so wichtig, sich selbst einen Überblick zu verschaffen, um die für Sie geeignete Investition zu finden.

# ALLGEMEINE TIPPS ZUM ERFOLGREICHEN INVESTIEREN

Bevor Ihnen die verschiedenen Investitionsmöglichkeiten vorgestellt werden, gibt es hier einige Ratschläge, die es zu beachten gilt und die Ihnen helfen, die richtigen Entscheidungen zu treffen:

- Tilgen Sie zuerst Ihre Schulden, bevor Sie Geld anlegen. Sonst laufen Sie Gefahr, eher Verluste als Gewinne einzufahren, da die Zinslast für Schulden höher ist als die Zinsen, die sich üblicherweise für Ihre Investitionen erwirtschaften lassen.
- Versuchen Sie, stets Ihr Geld zu streuen. Das heißt, dass Sie nicht nur eine Anlageform nutzen, sondern mehrere, um so stetig Gewinne zu erzielen und Verluste damit auszugleichen.
- Seien Sie geduldig. Vor allem bei risikobehafteten Geldgeschäften neigt man dazu, das Geld zu früh auszahlen zu lassen, um Verluste gering zu halten. Aber wenn Sie geduldig sind, werden Sie in der Regel mehr Erträge erzielen als Verluste.
- Nutzen Sie niemals Ihre finanzielle Reserve für spekulative Investitionen. Diese Geldreserve soll dauerhaft zur Verfügung stehen, damit Sie nicht in anderen Bereichen in eine finanzielle Schieflage geraten.
- Fangen Sie früh und rechtzeitig mit verschiedenen Investitionen an. Wenn Sie die Möglichkeit haben, schon nach Ihrem Schulabschluss oder während des Studiums Geld zu investieren, werden Sie vor allem bei langfristigen Anlageformen größere Erträge erzielen.
- Lassen Sie sich im Zweifelsfall von Experten beraten. Es ist einfach wichtig, dass Sie ausreichend und gut informiert sind, bevor Sie riskante Investments tätigen möchten. Auch Freunde und Bekannte werden Ihnen mit ihren eigenen Erfahrungen weiterhelfen.
- Gehen Sie unnötigen Risiken aus dem Weg. Vor allem, wenn Sie beginnen, zu investieren, sollten Sie erst einmal sichere Investitionen den riskanteren vorziehen. Dadurch bleibt auch die Motivation hoch, weil bei riskanten Geschäften Verluste am wahrscheinlichsten sind. Lassen Sie sich davon nicht entmutigen und versuchen Sie andere Strategien.

## KURZ- UND MITTELFRISTIGE ANLAGEFORMEN

### Tagesgeldkonto

Ein Tagesgeldkonto ist eine risikolose Anlageform und hat den Vorteil, dass das Geld jederzeit für Sie verfügbar ist. Sie erhalten auf dem Konto feste Zinssätze und haben trotzdem die volle Kontrolle über die Geldeingänge und -ausgänge. Diese Zinssätze bewegen sich allerdings in einem geringen Bereich ab etwa 0,5 %.

Der Unterschied zum normalen Girokonto ist, dass bestimmte Zahlungsfunktionen wie Überweisungen nicht möglich sind. Aber für eine kurzfristige und sichere Investition ist das Tagesgeldkonto ideal, da Sie nicht Gefahr laufen, das Geld zu verlieren. Aber auch höhere Beträge sind auf dem Konto gut aufgehoben und Sie erzielen schon nach kurzer Zeit Zinserträge.

### Termin- und Festgeldkonten

Bei Termin- und Festgeldkonten haben Sie für einen bestimmten Zeitraum keinen Zugriff mehr auf Ihr Geld. Sie legen das Geld zu einem festgelegten Zinssatz und zu einer festgelegten Zeitspanne bei einer Bank an. Der Vorteil dabei ist, dass Sie dafür einen höheren und festen Zinssatz ab etwa 1 % erhalten.

Deshalb ist es wichtig, bevor Sie das Geld auf ein solches Konto anlegen, dass Sie sich auch sicher sind, dieses Geld in diesem Zeitraum nicht zu benötigen. Da hier aber verschiedene Zeitspannen individuell an Sie angepasst werden können, haben Sie die Sicherheit, das Geld nach dieser Zeit mit Zinsen und Zinseszinsen zurückzuerhalten. Es ist ebenfalls risikofrei und Sie können sich sicher sein, mit einem Festgeld- und Terminkonto keine Verluste einzufahren.

Es gibt hier auch spezielle Konten, bei der nur die Kündigungsfrist festgelegt wird. Bei dieser Art von Konto haben Sie den Vorteil, auch kurzfristiger auf das Geld zurückgreifen zu können. Wenn Sie z. B. eine Kündigungsfrist von einem Monat vereinbart haben, erhalten Sie das Geld einen Monat nach der Kündigung. Hierzu sollten Sie sich bei Interesse einfach genauer informieren, damit Sie in besonderen Fällen schnell an Ihr investiertes Geld herankommen.

**Fremdwährungskonten**

Eine interessante und auch lukrative Anlageform ist das Führen eines Fremdwährungskontos im Ausland. Bei einem Fremdwährungskonto schließen Sie ein Konto im Ausland ab, auf das Sie dann Ihre Ersparnisse zu erhöhten Zinssätzen einzahlen und von den Zinsen profitieren.

Teilweise sind hier Zinsen bis zu 7 % möglich. Aber es ist auch mit einem erhöhten Risiko verbunden, da Sie das Geld dort in der jeweiligen Währung hinterlegen. Beim Umtausch des Geldes aus der Fremdwährung zurück in den Euro besteht das Risiko, dass die jeweilige Währung durch Wertverlust Ihren Gewinn schmälert.

Deshalb ist es eher zu empfehlen, das Geld auf Konten im EU-Bereich einzuzahlen. Hier haben Sie zwar nicht die hohen Zinsen bis zu 7 %, aber da das Geld nicht umgetauscht werden muss, werden Sie mit dem Umtausch keinen Verlust machen.

Dabei sollten Sie allerdings vorher auf die Kosten des Kontos Rücksicht nehmen, bevor Sie das Geld auf ein EU-Konto transferieren möchten. Oftmals ist es dann im Endeffekt sicherer und auch günstiger, das Geld einfach in Ihrem Heimatland zu investieren.

**Kinderkonten**

Falls Sie Kinder haben, bieten viele Banken für Sie weitere Möglichkeiten, Geld anzulegen. Da die Banken auf frühe Kundenbindung setzen und dabei hoffen, zukünftig neue Kunden zu gewinnen, werden hier erhöhte Zinsen von teilweise bis zu 3 % erwirtschaftet.

Zudem haben Sie bei dieser Art des Kontos den Vorteil, dass kein erhöhtes Risiko entsteht. Die Banken möchten natürlich frühzeitig den neuen Kunden Ihre besonderen Konditionen bereitstellen, damit der neue Kunde in Zukunft auch bei der Bank bleibt.

Der einzige Nachteil ist, dass es hier oft nur bis zu einem bestimmten Betrag möglich ist, zu investieren. Trotzdem haben Sie mit einem Kinderkonto eine interessante Form der Investition, bei der Sie Ihrem Kind für die Zukunft einen guten Start ins Leben ermöglichen können und dabei auch noch die ordentlichen Zinserträge mitnehmen.

### Crowdinvesting

Das Crowdinvesting ist eine noch relativ unbekannte Art der Anlageform. Es bietet allerdings für interessierte Investoren einige Vorteile und es wird immer öfter als kurz- oder mittelfristige Geldanlage verwendet.

Beim Crowdinvesting geht es darum, durch viele kleine Investitionen für ein bestimmtes Projekt das nötige Kapital aufzubringen. Oft sind dies Projekte, wie z. B. neue Immobilien, oder Projekte im Energiesektor oder für junge Start-Up-Unternehmer.

Es ist problemlos möglich, auch mit kleinen Beträgen Anteile am jeweiligen Projekt zu erstehen. Dadurch haben Sie die Möglichkeit, in mehrere Projekte zu investieren und Ihr Guthaben zu streuen. Das Angebot ist dabei sehr umfangreich und es ist möglich, das Geld kurz- sowie mittelfristig zur Verfügung zu stellen, um damit ertragreiche Geschäftsideen und Immobilienprojekte zu unterstützen.

Früher war dies nur Großinvestoren vorbehalten, aber durch das Crowdinvesting ist es heutzutage für jedermann interessant und aufregend zugleich. Wenn Sie sich mit diesem Thema auseinandersetzen, werden Sie sehr schnell einen besseren Überblick über Ihre Möglichkeiten zu ertragreichen Investitionen in diesem Bereich gewinnen.

Die Aussichten, mit dieser Art der Investition gute Gewinne zu erzielen, sind sehr hoch. Vor allem lohnt es sich für Investoren, die darauf Wert legen, keine allzu großen Risiken einzugehen und trotzdem ordentliche Gewinne einzustreichen. Denn viele Projekte bieten neben einer festen Verzinsung auch eine Gewinnbeteiligung an, die Ihre Gewinne noch weiter nach oben treiben. Ergreifen Sie die Chance und bleiben Sie dabei finanziell flexibel, denn Sie müssen hier keine Tausende von Euro investieren, um erfolgreich zu sein.

## LANGFRISTIGE INVESTITIONEN

### Investitionen in Aktien mit einem Depot

Eine risikoreiche Variante der mittel- bis langfristigen Investitionen ist das Einrichten eines Aktiendepots. Mit einem Aktiendepot haben Sie die Möglichkeit, in verschiedene Unternehmen an der Börse zu investieren.

Der Vorteil dabei ist, dass Sie mit Aktien auch höhere Renditen erzielen können. Aber es ist im Vergleich zu Tagesgeld- und Festgeldkonten mit höheren Risiken verbunden, da es im schlimmsten Fall auch möglich ist, das ganze Geld zu verlieren. Deshalb ist ein Aktiendepot auch nur für Menschen zu empfehlen, die nicht auf das Geld angewiesen sind. Zudem unterliegt der Aktienmarkt großen Schwankungen und es ist schwer, abzuschätzen, wie sich die Preise der Aktien entwickeln.

Das ändert sich teilweise von Tag zu Tag sehr und es ist besser, dabei bereits Erfahrungen mit Aktien zu besitzen. Aber bei Interesse ist es natürlich auch für Neueinsteiger empfehlenswert, sich mit den Entwicklungen am Aktienmarkt auseinanderzusetzen. Es gibt hier zahlreiche Möglichkeiten, sich darüber zu informieren, um gewinnbringende Investments zu tätigen. Mit viel Eigeninteresse und Ihrer persönlichen Motivation werden Sie auch hier schnell einen besseren Überblick gewinnen und so eventuell sehr hohe Renditen einfahren.

### Investition in Aktienfonds und ETFs

Wenn Sie bereits in Betracht ziehen, ein Aktiendepot einzurichten, bietet das Investieren in Aktienfonds und ETFs (Exchange Trades Funds) eine interessante Alternative zu reinen Aktien.

Bei Aktienfonds handelt es sich um ein Portfolio aus mehreren Unternehmen, die zu einem großen Fonds zusammengefasst sind. Das bedeutet, Sie investieren gleich in mehrere Unternehmen, und es hat den Vorteil, dass Sie dadurch ein geringeres Risiko haben als bei Einzelaktien. Denn es ist ziemlich unwahrscheinlich, dass alle Unternehmen gleichzeitig bankrottgehen oder extreme Verluste einfahren.

ETFs werden oft auch Indexfonds genannt. Hierbei geht es um Börsenindizes wie z. B. der DAX oder Dow Jones. Diese werden gebündelt in einem ETF abgebildet und sind dadurch eine höhere Sicherheit bei der Investition. Denn Sie werden nur Verluste machen, wenn alle Aktienindizes rund um die Welt auf einmal abstürzen. Das ist sehr unwahrscheinlich und im Prinzip haben Sie es selbst in der Hand, welche Gewinne Sie damit erzielen.

Sie können bei Unsicherheiten das Geld schnell aus Ihrem Depot herausholen und so Ihre Gewinne sichern. Hierfür benötigen Sie kein ausgeprägtes Wissen oder Erfahrungen und es bietet einen guten Einstieg für das Handeln am Aktienmarkt. Mit der Zeit werden Sie feststellen, dass Sie durch Ihre Erfahrungen viel sicherer im Umgang mit Aktien und den dazugehörigen Aktienindizes werden, und Sie haben für die Zukunft eine weitere Investitionsmöglichkeit für sich entdeckt.

### Investition in Immobilien

Das Investieren in Immobilien ist vor allem für Menschen interessant, die genügend Geld auf der hohen Kante haben und auch schon etwas Wissen über Immobilien besitzen. Denn es ist nicht immer so einfach, dabei den Überblick zu behalten, wenn es um mehrere Immobilien geht.

Dabei gibt es verschiedene Methoden, um mit Immobilien Geld zu verdienen. Eine Methode ist das Kaufen eines Mietobjektes, um durch die Mieteinnahmen auf lange Sicht ein kleines oder großes Vermögen aufzubauen. Das Schwierige dabei ist, dass es dabei viele Dinge zu beachten gibt und Sie auch immer wieder Beträge zur Renovierung aufbringen sollten. Damit halten Sie den Wert der Immobilie am höchsten und können im Gegenzug auch den höchsten Mietsatz verlangen. Hier gibt es auch wieder viele Schwankungen. Es gibt nicht das perfekte Mietobjekt mit der perfekten Lage und Sie sollten sich vor einer großen Investition sehr sicher sein.

Sich renovierungsbedürftige Objekte zu kaufen, ist eine weitere Methode, um mit Immobilien Geld zu verdienen. Ob das nun eine

Eigentumswohnung oder gleich ein ganzes Haus ist, bleibt dabei dem Investor selbst überlassen. Wenn Sie ein interessantes Objekt zu einem günstigen Preis erstehen können, haben Sie die Möglichkeit, dieses durch eine Renovierung wieder in Schuss zu bringen und es danach wieder mit einem Gewinn zu veräußern. Allerdings ist das wieder mit höherem Risiko verbunden, da Sie nie sicher sein können, welche Objekte sich wirklich gewinnbringend veräußern lassen. Deshalb ist die Investition in Immobilien auch nicht für jeden geeignet. Haben Sie bereits ein bestimmtes Vorwissen und Erfahrungen in diesem Bereich, werden Sie aber auch mit dieser besonderen Form der Investition sehr gute Erträge erzielen.

Die Investition in Immobilien ist ebenfalls eine sehr gute Altersvorsorge. Durch Immobilien haben Sie im Alter den Vorteil, zusätzlich zu Ihrer Rente Mieteinnahmen zu generieren. Aufgrund der derzeitigen Unsicherheit bei der Rente in Deutschland ist das eine gute Gelegenheit, um sich abzusichern und Ihr Guthaben für die Zukunft aufzustocken. Wenn Sie es clever anstellen, werden Sie sich im Rentenalter dann ein einfaches und ertragreiches Nebeneinkommen erwirtschaften.

### Investition in Edelmetalle

Die langfristige Investition in verschiedene Edelmetalle ist eine weitere sehr gute und recht einfache Möglichkeit, relativ risikofrei zu investieren.

Es gibt mittlerweile Goldsparpläne, bei denen Sie monatlich in die Edelmetalle Gold, Silber, Platin und Palladium investieren. Aber auch größere Beträge können Sie in Edelmetalle investieren. Durch das Führen eines Edelmetalldepots haben Sie den Vorteil, die Edelmetalle zu einem vergünstigten Preis einzukaufen und die Lagerung erfolgt meist zentral beim Unternehmen. Durch die Masse an Investoren und die dazugehörige Menge an Edelmetalleinkäufen erhalten diese Anbieter günstigere Preise, als wenn Sie selbst Gold in kleineren Mengen einkaufen.

Auch die Auszahlung ist zumeist relativ unkompliziert. Sie können dabei auch entscheiden, ob Sie die Auszahlung als Bargeld wünschen oder ob die Edelmetalle direkt ausgezahlt werden.

Empfehlenswert ist diese Art der Investition für langfristige Anlagen, da die Preise der Edelmetalle großen Schwankungen unterliegen. Dabei ist auch darauf zu achten, zu welchen Preisen Sie einsteigen. Wenn die Voraussetzungen gut und die Preise auf niedrigem Niveau sind, lohnt sich eine Investition. Denn es ist nicht sehr wahrscheinlich, dass diese Edelmetalle einen totalen Wertverlust erleiden. Außerdem haben Sie jederzeit den Überblick über die Kurse und können bei Unsicherheiten das Geld auch schnell auszahlen lassen, um Ihre Gewinne abzusichern.

### Genossenschaftsanteile erwerben

Eine traditionelle, bekannte Investition ist das Erwerben von Genossenschaftsanteilen. Genossenschaften finden sich in vielen Bereichen, so z. B. bei der Landwirtschaft, im Bankensektor und im Wohnungsbau.

Wenn Sie Anteile einer Genossenschaft erwerben, sind Sie sowohl Mitglied als auch Miteigentümer dieser Genossenschaft. Es ist eine der sichersten und langfristigsten Geldanlagen, da die Konkursquoten von Genossenschaften bei gerade einmal 0,1 % liegen.

Werden Gewinne von der Genossenschaft erzielt, erhalten Sie eine entsprechende Beteiligung an diesen Gewinnen. Es ist also eine gute Anlageform für alle, die auf der sicheren Seite stehen und dabei trotzdem noch Profite erzielen möchten. Falls eine Genossenschaft bankrottgeht, haben Sie jedoch keinen Anspruch auf eine Entschädigung – aber bei einer 99,9-prozentigen Chance, dass dies nicht passiert, haben Sie nur ein geringes Risiko.

### Sachwerte als gewinnbringende Alternative

Nun möchte ich Ihnen noch eine sehr ausgefallene Methode der Kapitalanlage vorstellen: den Kauf von Sachwerten für den späteren Verkauf. Auf den ersten Blick ist dies sehr risikoreich, aber falls Sie bestimmte Interessen haben und sich in einem oder mehreren Bereichen gut auskennen, haben Sie hier eine langfristige und effektive Geldanlage.

Kurz erklärt bedeutet die Investition in Sachwerte, dass Sie bestimmte seltene Waren und Güter kaufen und auf eine ordentliche Wertsteigerung hoffen. Denken Sie dabei z. B. an einen guten Wein, ein außergewöhnliches Gemälde oder auch seltene Antiquitäten. In diesem Bereich gibt es unzählige Möglichkeiten für gute und aussichtsreiche Investitionen, die Ihnen im besten Fall ein kleines Vermögen beim Verkauf bescheren.

Wenn Sie noch nicht angefangen haben, etwas zu sammeln, so sollten Sie auch das einmal in Betracht ziehen. Für gut erhaltene Sammlerstücke zu den unterschiedlichsten Themen und Bereichen erhalten Sie nach einer längeren Zeitspanne gute Erträge, wenn Sie Glück haben. Aber das ist davon abhängig, welcher Sammelleidenschaft Sie nachgehen möchten. Informieren Sie sich dazu doch einfach auch einmal genauer im Internet, denn es gibt die außergewöhnlichsten Sammelmöglichkeiten. Sie werden erstaunt sein, welche verrückten Dinge Menschen sammeln.

Selbstverständlich gibt es hier so gut wie keine Sicherheiten, aber zugleich ist die Investition in diese Sachwerte sehr interessant und aufregend. Außerdem haben Sie im Gegensatz zu vielen anderen Anlagen etwas in der Hand für Ihr Geld. Die Wahrscheinlichkeit, dass ein Sachwert den Wert mit der Zeit verliert, ist auch gegeben, aber genauso wahrscheinlich ist es, dass der Wert steigt. Es ist also sozusagen ein kleines, aber spannendes Glücksspiel.

An dieser Stelle habe ich dazu noch einen interessanten Tipp parat. Sie können Ihr Geld auch in einen Whisky-Investmentfonds investieren, der erst im Jahr 2014 aufgelegt wurde. Mit diesem Fonds beteiligen Sie sich an 3.000 verschiedenen Whisky-Flaschen. Die Wertentwicklung von Whisky ist außergewöhnlich und auch in Zukunft nicht abzuschätzen.

Viele Sammler sind davon überzeugt, dass gute Single-Malt-Whiskys in Zukunft einen großen Wertzuwachs erhalten werden. Dazu passend wurden schon vor langer Zeit mehrere Raw Whiskey Indexe aufgelegt, um die Wertzuwächse zu ermitteln. In den letzten 18 Jahren hat dieser Index einen unglaublichen Wertzuwachs von über 500 % erzielt. Daran lässt sich gut erkennen, welche Gewinnmöglichkeiten Sie mit der Investition im besten Fall erzielen. Sie sollten dann aber nicht in Versuchung kommen, den seltenen Whisky nach einer gewissen Zeit selbst zu trinken. Dann haben Sie damit auch eine gute langfristige Anlagemöglichkeit, die Ihnen in Zukunft eventuell gute Erträge erwirtschaftet.

# Staatliche Fördermittel und Unterstützungen

Um effektiv Geld zu sparen, ist es wichtig, verschiedene Möglichkeiten zu betrachten und, an sich selbst angepasst, die notwendigen Maßnahmen zu ergreifen. Deshalb sollten Sie dabei auch die Hilfe und Unterstützung durch staatliche Förderungen in Ihre Überlegungen miteinbeziehen. Damit haben Sie zahlreiche Gelegenheiten, um von diesen Zuschüssen zu profitieren und langfristig finanzielle Vorteile zu erzielen.

Staatliche Fördermittel kann jeder beantragen. Es gibt dafür bestimmte Kriterien, die erfüllt werden müssen, um diese Förderung zu erhalten. Durch das umfangreiche Angebot an unterschiedlichen Förderprogrammen haben Sie hier jedoch viele Optionen zur Auswahl. Auch wenn es schwierig ist, in diesem Bereich die Übersicht zu behalten, werden Sie hier mit etwas Eigeninitiative interessante Möglichkeiten zum Geld sparen finden.

Sie müssen dabei einfach selbst aktiv werden und auch aktiv bleiben, denn die staatlichen Zuschüsse erhalten Sie meistens nur durch Eigeninitiative und durch Ihre eigenen Bemühungen. Einen Antrag zu stellen, ist meist auch mit verschiedenen Schwierigkeiten verbunden, da Sie viele Auflagen erfüllen und diese auch nachweisen müssen. Das kann alles dauern, aber mit viel Geduld werden Sie auch von einer staatlichen Förderung profitieren können.

Um Ihnen den Einstieg zu erleichtern, habe ich eine Übersicht über sinnvolle und effektive Förderungen erstellt. Für das bessere Verständnis verzichte ich auf ausführliche und detailreiche Einblicke. Das wichtige dabei ist, dass Sie sich selbst ein Bild von diesem Bereich machen und dies für Ihre persönliche Finanzplanung berücksichtigen sollten. Denn wenn Sie staatliche Förderungen nutzen, erhalten Sie besondere Konditionen und oftmals haben Sie langfristig einen finanziell positiven Effekt dadurch.

## FÖRDERUNGEN FÜR HAUSBAU UND HAUSSANIERUNGEN

Ein Bereich, für den Sie staatliche Fördermittel erhalten, ist der Hausbau und auch die Finanzierung von Sanierungen. Sie erhalten hier nicht nur eine erhebliche finanzielle Unterstützung, denn oft profitieren Sie dabei gleichzeitig auch von langfristigen Effekten.

Damit Sie sich hier in diesem Bereich zurechtfinden, sollten Sie sich darüber genauer informieren, denn es gibt zu viele Möglichkeiten, die man hier aufzählen könnte. Jedoch gibt es einige interessante Quellen, die Sie in diesem Themenbereich genauer informieren werden.

Für die verschiedenen staatlichen Förderungen im Bereich des Wohnungsbaus und der Sanierung erkundigen Sie sich am besten bei den folgenden Stellen:

- Kreditanstalt für Wiederaufbau (www.kfw.de)
- Bundesamt für Wirtschaft und Ausfuhrkontrolle (www.bafa.de)

**Bausparvertrag**

Die klassische staatliche Unterstützung erhalten Sie durch Abschluss eines Bausparvertrages. Sie haben jeden Monat Anspruch auf die Arbeitnehmersparzulage, die von Ihrem Arbeitgeber in diesen Bausparvertrag eingezahlt wird. Informieren Sie sich bei Ihrem Arbeitgeber hierzu unbedingt, denn das ist alles Geld, das Sie zusätzlich zur Verfügung haben werden.

Wenn Sie dann noch selbst einen Beitrag in den Bausparvertrag einzahlen, werden Sie schon nach einigen Jahren einige Euro angespart haben. Als Besitzer eines Bausparvertrages erhalten Sie auch zusätzlich noch die Wohnungsbauprämie. Dafür müssen Sie allerdings mindestens sieben Jahre in den Bausparvertrag einzahlen, da Sie sonst die Wohnungsbauprämie zurückzahlen müssen.

Trotzdem bietet der Bausparvertrag eine gute Möglichkeit, um Geld für einen späteren Hausbau zu sammeln. Fangen Sie damit so früh wie möglich an und profitieren Sie dabei von den staatlichen Zuschüssen, die Ihnen zustehen.

### Wohn-Riester

Ein weiterer Zuschuss des Staates zum Hausbau ist der sogenannte Wohn-Riester. Es ist das Gegenstück zur Riester-Rente, die für die Altersvorsorge genutzt werden kann. Der Wohn-Riester ist dagegen zur Finanzierung des Baus oder des Erwerbs eines Eigenheims geeignet.

Beim Wohn-Riester zahlen Sie jeden Monat einen bestimmten Betrag Ihres Einkommens in einen Bausparvertrag ein. Diese Ausgaben können Sie auch steuerlich geltend machen und Sie erhalten somit dieses Geld mit der nächsten Steuererklärung wieder zurück.

Es gibt dabei noch weitere Möglichkeiten, von den staatlichen Zuschüssen zu profitieren. Wenn Sie bereits eine Immobilie besitzen, ist es möglich, das Riester-Vermögen auch für die Tilgung Ihres laufenden Darlehens zu verwenden. Auch ist dabei eine Modernisierung der Immobilie mit den Zuschüssen möglich.

Auch hier ist es am besten, Sie informieren sich selbst über die verschiedenen Möglichkeiten, um durch die Riester-Zuschüsse zu profitieren. Auf jeden Fall sollten Sie sich dieses Geld nicht entgehen lassen, da es sonst in der Staatskasse bleibt und nicht auf Ihrem Bankkonto landet.

### Hausbauförderung durch Bundesländer und Kommunen

Viele Bundesländer und Kommunen bieten ebenfalls Zuschüsse für Hausbauprojekte und Haussanierungen an. Ähnlich wie bei der KfW erhalten Sie hier günstige Darlehen und Zuschüsse zur Wohnungsbauförderung.

Es ist allerdings sehr unterschiedlich für jedes Bundesland geregelt und deshalb gibt es dafür auch keine allgemeinen Voraussetzungen. Am besten informieren Sie sich dort direkt bei der zuständigen Stelle für Ihr Bundesland oder Sie setzen sich direkt mit Ihrer Stadt in Verbindung.

Wenn Sie sich gut informieren, werden Sie Mittel und Wege finden, um diese Förderungen zu erhalten. Denn der Staat ist daran interessiert, dass neue Häuser gebaut werden und diese Häuser auch umweltgerecht und energiesparend für die Zukunft gerüstet sind.

## FÖRDERUNGEN FÜR FAMILIEN MIT KINDERN

Für Familien mit Kindern gibt es ebenfalls zahlreiche staatliche Fördermittel. Diese sind für jede Familie interessant, da Sie hier wirklich einiges an Geld einsparen oder von der Steuer absetzen dürfen.

Dieser Bereich ist sehr umfangreich und es gibt sehr viele Möglichkeiten, um von diesen staatlichen Fördermitteln zu profitieren. Einige Beispiele habe ich Ihnen hierzu aufgezählt, damit Sie sich und Ihrer Familie einen Gefallen tun können. Sparen Sie eine Menge Geld ein und lassen Sie es nicht beim Staat liegen.

### Erziehungsgeld

Wenn Sie Ihr Kind selbst erziehen, haben Sie Anspruch auf das Erziehungsgeld. Es beträgt für 24 Monate pro Monat 300 Euro oder Sie erhalten 12 Monate lang 450 Euro vom Staat bezuschusst.

Dieser Zuschuss ist allerdings einkommensabhängig und soll in Zukunft in das Elterngeld umgewandelt werden. Wenn Sie dann wegen der Erziehung Ihren Beruf pausieren müssen, erhalten Sie voraussichtlich zwei Drittel des letzten Bruttogehalts in Zukunft ausgezahlt.

Auf jeden Fall ist es sehr lohnend und Sie sollten es sich nicht entgehen lassen, dieses zusätzliche Geld mitzunehmen. Sie haben durch die Erziehung zusätzliche Ausgaben, die damit abgedeckt werden können.

### Kinderbetreuungskosten

Steuerlich absetzbar sind die Kinderbetreuungskosten, wenn beide Elternteile berufstätig und Sie deshalb auf eine Kinderbetreuung angewiesen sind. Dabei können Sie ab sofort bis zu 4.000 Euro der jährlichen Betreuungskosten vom Finanzamt zurückerhalten. Das gilt für Kinder bis 14 Jahre, wenn beide Eltern berufstätig sind. Wenn nur ein Elternteil berufstätig ist und das Kind zwischen drei und sechs Jahre alt ist, erhalten Sie ebenfalls die Kinderbetreuungskosten bis zu einem Betrag von 4.000 Euro erstattet.

### Kindergeld

Kindergeld bekommen Sie für jedes Kind unter 18 Jahren gezahlt sowie für junge Erwachsene in der Ausbildung bis zum 27. Lebensjahr. Mit 154 Euro ist der Betrag nicht sehr hoch und diesen erhalten Sie für das erste, das zweite und das dritte Kind. Für alle nachfolgenden Kinder erhalten Sie einen erhöhten Satz von 179 Euro pro Kind.

Mit dem Kindergeld haben Sie immerhin eine gute Unterstützung, die Ihnen jeden Monat regelmäßige Einnahmen beschert. Deshalb sollten Sie auch darauf nicht verzichten.

### Mutterschaftsgeld

Das Mutterschaftsgeld erhalten berufstätige Frauen sechs Wochen vor der Geburt des Kindes bis acht Wochen nach der Geburt des Kindes. Wenn Sie gesetzlich krankenversichert sind, erhalten Sie bis zu 13 Euro täglich. Informieren Sie sich frühzeitig darüber, damit Sie bei einer Schwangerschaft Bescheid wissen und Sie sich dieses Geld nicht entgehen lassen.

### Wohngeld

Wohngeld ist vor allem für einkommensschwache Familien geeignet, die monatliche Zuschüsse für Ihre Mietzahlungen erhalten. Der Betrag ist abhängig von verschiedenen Faktoren, wie zum Beispiel dem Einkommen und des örtlichen Mietspiegels. Wenn Sie nicht genug zum Leben haben, holen

Sie sich die staatliche Unterstützung, um Ihrer Familie zu helfen und die Finanzen aufzubessern.

**Ausbildungsförderung**

Die Ausbildungsförderung ist für Familien geeignet, die Kinder haben, die bereits eine weiterführende Schule oder eine Hochschule besuchen und noch zuhause wohnen. Dann erhalten die Kinder in dieser Zeit BAföG, um ihre Aus- und Weiterbildung zu finanzieren. Der Höchstbetrag liegt dabei bei 585 Euro pro Monat. Trifft dieser Fall auf Sie zu, können Sie sich auch genauer bei den zuständigen Stellen darüber informieren und natürlich im Internet.

## FÖRDERUNGEN FÜR AUS- UND WEITERBILDUNGEN

Es gibt ebenfalls zahlreiche Fördertöpfe für die Aus- und Weiterbildung. Der Staat ist daran interessiert, dass jeder Bürger die Chance hat, sich weiterzubilden. Allerdings sind die Kosten für entsprechende Kurse und Studiengänge teuer und nicht für jeden bezahlbar.

Deshalb gibt es mehrere verschiedene Förderprogramme, die unterschiedliche Voraussetzungen haben und dabei den Bürgern helfen sollen, ihren Traum von der teuren Aus- oder Weiterbildung zu erfüllen.

Durch eine gute Ausbildung sowie sinnvolle Weiterbildungen erhöhen Sie auch Ihre Einnahmen und haben damit bessere finanzielle Aussichten für die Zukunft. Das ist sehr wichtig, damit Sie mit Ihren monatlichen Ausgaben besser zurechtkommen und nebenbei noch lukrative Investitionen verfolgen können.

Es ist auch nicht schlimm, wenn Sie schon etwas älter sind. Der Staat fördert es, wenn Menschen sich für die zukünftigen Herausforderungen vorbereiten möchten. Durch besseren Zugang zu Fortbildungen werden normale Arbeiter und auch Arbeitslose für ihren weiteren Berufsweg vorbereitet.

Hier habe ich nun einige dieser Förderungen aufgelistet, die Ihnen den Einstieg in diesen Themenbereich erleichtern werden.

## Aufstiegs-BAföG

Das erste Förderprogramm ist das Aufstiegs-BAföG oder auch Meister-BAföG genannt. Sie erhalten dabei vom Staat ein Darlehen und Sie bekommen 30,3 % als Zuschuss vom Staat dazu gezahlt. Der Höchstbetrag für dieses Darlehen liegt bei 10.226 Euro. Wenn Sie das Darlehen zurückzahlen, werden Ihnen also 30,3 % erlassen und Sie tragen dann nur noch die übrigen Kosten.

Die Weiterbildung muss dabei einen Mindestumfang von 400 Unterrichtsstunden umfassen und auch Ihrem beruflichen Aufstieg dienlich sein. Bei Interesse informieren Sie sich im Internet über die zuständige Stelle in der Nähe Ihres Wohnortes.

## Aufstiegsstipendium

Wenn Sie Ihre Ausbildung mit sehr guten Leistungen abgeschlossen haben, können Sie sich über ein Aufstiegsstipendium informieren. Hier erhalten Sie sogar die Kosten zu 100 % erstattet und gleichzeitig bilden Sie sich beruflich weiter.

Die Voraussetzung für dieses Stipendium ist, dass Sie Ihre Ausbildung mit 1,9 oder besser abgeschlossen oder andere gute berufliche Leistungen erbracht haben. Dieser Nachweis kann auch von Ihrem Arbeitgeber erbracht werden, der Ihnen eine passende Beurteilung schreiben kann.

Mit dem Aufstiegsstipendium bewerben Sie sich um einen Platz an einer Hochschule, um Ihre beruflichen Fähigkeiten auszubauen und Ihre Kenntnisse zu vertiefen. Sie erhalten dabei eine monatliche Förderung, die Sie nicht zurückzahlen müssen.

## Weiterbildungsstipendium

Das Gleiche gilt für das Weiterbildungsstipendium. Sie müssen hier ebenfalls keine Rückzahlungen leisten. Es ist geeignet für Berufstätige, die unter 25 Jahre sind und bereits berufliche Erfahrungen gesammelt haben. Dabei sollten Sie sehr gute Leistungen erbracht haben.

Sie müssen sich bei einem Weiterbildungsstipendium mit 10 % an den Kosten beteiligen, aber Sie haben hier die Möglichkeit, wirklich sinnvolle

Weiterbildungen zu absolvieren, die Ihnen im weiteren Arbeitsleben weiterhelfen werden.

### Bildungsgutschein

Der Bildungsgutschein ist für arbeitslose Bürger ein Angebot, um berufliche Weiterbildungen während der Arbeitslosigkeit zu absolvieren. Sie haben dabei auch gute Chancen, dass Sie zu 100 % unterstützt werden und keine Kosten erstatten müssen.

Oftmals werden sogar Fahrtkosten und Übernachtungskosten erstattet. Allerdings ist in den Augen der Bundesagentur für Arbeit nicht jede Weiterbildung sinnvoll. Deshalb kann es auch sein, dass Ihre Weiterbildung erst einmal abgelehnt wird.

Für weitere Informationen erhalten Sie Hilfe bei der Arbeitsagentur in der Nähe Ihres Wohnortes oder Sie können sich darüber auch im Internet informieren.

### Bildungsprämie

Für Angestellte und Selbstständige ist die Bildungsprämie sehr interessant. Wenn Sie mindestens 15 Stunden in der Woche arbeiten, haben Sie Anspruch auf diese Prämie.

Der Staat zahlt dann einen Zuschuss von 50 % auf alle Weiterbildungen, aber nur bis zu 500 Euro. Als Antragssteller dürfen Sie nicht mehr als 20.000 Euro im Jahr verdienen, bei verheirateten Paaren steigt dieser Betrag auf 40.000 Euro.

Wenn Sie Interesse an der Bildungsprämie haben, schauen Sie am besten auf der extra eingerichteten Webseite des Bildungsministeriums. Hier werden Sie die wichtigsten Informationen auf einen Blick erhalten.

### Weiterbildungskosten von der Steuer absetzen

Sie können auch einfach Weiterbildungskosten in Ihrer Steuererklärung angeben und dadurch bis zu 1.000 Euro vom Staat zurückerhalten. In der Steuererklärung gibt es einen Pauschalbetrag für den Punkt

„Werbungskosten“ und Sie erhalten hier jedes Jahr diese 1.000 Euro als Pauschale angerechnet.

Vergessen Sie nur nicht, bei speziellen Weiterbildungen die Belege aufzubewahren. Denn man sollte bei Geschäften mit dem Finanzamt immer auf Nummer sichergehen und keine unnötigen Risiken eingehen. Deshalb empfiehlt es sich, dabei gründlich und ordentlich vorzugehen.

# Kontrolle und Übersicht über die Finanzen behalten

Damit die Kontrolle über Ihre gesamten Finanzaktivitäten nicht verloren geht, ist es empfehlenswert, sich hiermit frühzeitig zu beschäftigen. Denn es ist nicht für jeden einfach, dabei den Überblick zu behalten und in stressigen Zeiten die richtigen Entscheidungen zu treffen. Durch eine ordentliche Planung haben Sie bereits Geld eingespart und Ihre Finanzsituation verbessert. Doch es ist äußert wichtig, dass Sie jederzeit auf dem Laufenden bleiben. So haben Sie den Vorteil, schneller und unabhängiger auf neue Gegebenheiten zu reagieren.

Dazu stelle ich Ihnen in diesem Kapitel einige Tipps vor, die Ihnen helfen werden, die Übersicht und Kontrolle über Ihre eigenen Finanzen zu behalten. Nehmen Sie sich vor, wenigstens einige dieser Punkte umzusetzen. Dann werden Sie mit Sicherheit ein besseres Gefühl für Ihre Finanzen erhalten und es ist für Sie einfacher, auf Veränderungen zu reagieren.

## ANLEGEN EINES GELD-/FINANZORDNERS

Sammeln Sie alle Unterlagen und legen Sie diese in einem Ordner ab. Diesen Ordner unterteilen Sie in mehrere Kategorien, z. B. Girokonto, Versicherungen, Kredite. Wenn neue Unterlagen dazu kommen, legen Sie diese ebenfalls sofort in Ihrem Finanzordner ab. So haben Sie alle wichtigen Informationen an einem Ort und jederzeit darauf Zugriff. Das erspart Ihnen die Suche nach Briefen, Kontoauszügen und Versicherungsunterlagen. Bei größeren Projekten ist es ebenfalls zu empfehlen, einen extra Ordner zu erstellen. Dann haben Sie auch hier immer den nötigen Überblick, da es schon einmal chaotisch werden kann. Es sammelt sich mit der Zeit immer einiges an und eine gute Ordnung ist unverzichtbar für alle Menschen, die professioneller mit ihren Finanzen umgehen möchten.

## ÜBERSICHT ÜBER ALLE LAUFENDEN VERTRÄGE ERSTELLEN

Für Ihren neu erstellten Finanzordner sollten Sie nun eine Übersicht über alle laufenden Verträge erstellen, die Sie abgeschlossen haben. Dabei ist es wichtig, den Verwendungszweck aufzuschreiben und auch, wann der Vertrag das nächste Mal gekündigt werden kann. Dadurch haben Sie direkt eine übersichtliche Zusammenfassung all Ihrer laufenden Verträge und Sie können sich regelmäßig auf einen Blick informieren, welche Kündigungstermine als Nächstes anstehen. Diese Übersicht gehört dann auf der ersten Seite des Ordners abgeheftet, damit Sie die Liste jedes Mal im Blick haben und nicht danach suchen müssen.

## VERTRÄGE RECHTZEITIG KÜNDIGEN

Durch Ihren erstellten Ordner haben Sie nun auch die perfekte Übersicht über alle Verträge. Diese sollten Sie regelmäßig überprüfen, damit Sie rechtzeitig kündigen können. Denn vor allem bei Mobilfunkverträgen lässt sich einiges an Geld sparen, wenn Sie nicht in eine automatische Vertragsverlängerung geraten. Sie haben hier einiges an Spielraum, auch bei anderen Verträgen. Oft bekommen Sie bessere Konditionen angeboten, wenn Sie vor einer Verlängerung kündigen. Das liegt daran, dass das Unternehmen Sie nicht als Kunde verlieren möchte. Durch die große Konkurrenz werden Sie gute Angebote von Ihrem jetzigen Anbieter erhalten. Oder Sie entscheiden sich für einen neuen Anbieter und profitieren davon finanziell. Egal, welcher Fall eintritt, Sie werden hier ebenfalls Geld einsparen und in Zukunft den Überblick behalten.

## ZEIT NEHMEN FÜR FINANZEN

Damit Sie Ihre Finanzen stets aktuell im Überblick haben, sollten Sie es sich angewöhnen, jede Woche oder jeden Monat die Finanzen zu kontrollieren. Dadurch sind Sie stets über alles informiert und es benötigt auch nicht viel Zeit. Je öfter Sie diese Kontrolle durchführen, desto weniger Zeit wird in

Anspruch genommen. Es gibt auch Personen, die sich jeden Tag mit den Finanzen beschäftigen, aber das ist nicht unbedingt notwendig und es genügt, wenn Sie sich hier einmal im Monat oder einmal in der Woche diese Zeit nehmen. Aber wenn Sie es genau nehmen möchten und jeden Tag Ihre Finanzen überwachen, werden Sie noch schneller lernen, mit Ihrem Geld zu haushalten. Je mehr Einsatz Sie zeigen, desto eher sind Ihre Ziele zu erreichen.

## HAUSHALTSBUCH FÜHREN

Um die täglichen Einnahmen und Ausgaben im Blick zu behalten, ist es empfehlenswert, ein ganz einfaches Haushaltsbuch zu führen. Das kann ganz einfach mit Stift und Papier sein oder Sie probieren eine App für das Smartphone. In das Haushaltsbuch tragen Sie alle aktuellen Kosten ein und auch die Einnahmen. Damit können Sie Ihr wöchentliches Budget überwachen und erkennen, welche Kosten sich reduzieren lassen. Bleiben Sie deshalb immer aufmerksam und beobachten Sie Ihre Ausgaben genau. Bei Apps haben Sie den großen Vorteil, dass vieles einfach automatisch berechnet wird und dazu auch schöne Statistiken verfügbar sind. Sie können dabei Ihr Girokonto mit der App verbinden und es werden alle Ausgaben nach Kategorien aufgelistet. So haben Sie ohne großen Aufwand eine ideale Übersicht über alle wichtigen Bereiche der Finanzen.

## ÜBERSICHTLICHE APPS UND ONLINE-ANGEBOTE VON BANKEN NUTZEN

Da heute viele Bankgeschäfte online erledigt werden können, haben Sie damit auch die Möglichkeit, Ihre Finanzen im Blick zu behalten. Viele Banken haben heutzutage ihre eigenen Apps und diese erleichtern Ihnen den Umgang mit Ihren Finanzen. Dabei gibt es Unterschiede von Bank zu Bank, deshalb sollten Sie sich auch schon frühzeitig mit diesen Online-Angeboten befassen. Leider gibt es da auch viele Probleme mit den Apps und es läuft nicht alles problemlos ab. Aber durch den Kundenservice werden Sie auch gut unterstützt, falls es zu Problemen kommen sollte. Auf jeden Fall ist das Nutzen dieser verschiedenen Apps eine Erleichterung für Sie und es kann Ihnen bei der Kontrolle über Ihre Ausgaben und Einnahmen helfen.

## FINANZPROGRAMME/FINANZAPPS NUTZEN

Es gibt viele verschiedene Apps für das Smartphone sowie Programme für den Computer, die Ihnen bei der Kontrolle und Übersicht der Finanzen helfen. Dabei stehen Ihnen unterschiedlichste Funktionen zur Verfügung und Sie erhalten auch interessante und detailreiche Statistiken. Das Angebot rund um das Thema Finanzen ist allgemein sehr umfangreich. Deshalb haben Sie hier die Möglichkeit, das perfekte Hilfsmittel für Ihre Finanzübersicht zu finden. Mit dem Smartphone haben Sie den großen Vorteil, schnell und zuverlässig neue Einnahmen und Ausgaben einzutragen. Und viele der Apps lassen sich auch mit bestimmten Bankkonten verbinden. Damit haben Sie dann in einer App eine optimale Übersicht über den aktuellen Finanzstand.

## TEURE ANSCHAFFUNGEN FRÜHZEITIG EINPLANEN

Haben Sie vor, in nächster Zeit etwas Teureres zu kaufen? Oder Sie möchten demnächst auf eine größere Reise gehen? Dann sollten Sie das nicht von heute auf morgen planen, sondern sich bereits frühzeitig darüber Gedanken machen, denn durch eine gute Planung ist die Finanzierung Ihres Vorhabens um einiges einfacher. Für größere Ausgaben sollten Sie sich immer ein zusätzliches Budget einrichten. Lassen Sie Ihre Notfallreserve unangetastet und versuchen Sie lieber, sich durch cleveres Haushalten einen bestimmten Betrag zur Seite zu schaffen. Dadurch werden Ihnen unangenehme, finanzielle Folgen erspart bleiben und Sie erhalten eine gute Motivation für Ihr Sparvorhaben. Denn es ist wichtig, nicht immer nur stur zu sparen, sondern sich auch einmal etwas zu gönnen. Bleiben Sie dabei aber realistisch, damit Sie auch Ihren eigenen Erwartungen gerecht werden.

# Geldspartipps für Reisende und Pendler

Geld zu sparen ist im Alltag sowie auch außerhalb des Alltags möglich. Wer gerne verreist, weiß, wie teuer ein Urlaub werden kann. Aber auch hier gibt es zahlreiche Mittel und Wege, um Ihre Urlaubskasse zu entlasten und dabei trotzdem einen wundervollen Urlaub zu genießen. Auch hier ist eine gewissenhafte Planung – einschließlich der Einrichtung eines Urlaubsbudgets – zu empfehlen. Dann werden Sie beruhigt in den Urlaub fahren können und Sie brauchen sich keine weiteren Gedanken über die Finanzen zu machen. Wichtig ist vor allem, dass Sie dabei flexibel und auch spontan sind. Wer auf Abenteuer und neue Entdeckungen steht, wird viele Gelegenheiten finden, um dabei auch noch viel Spaß zu haben. Erkunden Sie auch einmal ungewöhnliche Urlaubsziele oder verreisen Sie auch einmal mit dem Wohnmobil anstatt mit einer teuren Flugreise. So werden Sie schnell einiges an Geld einsparen und der Urlaub lässt sich entspannter angehen. Gerne stelle ich Ihnen dazu hilfreiche Tipps zum Geldsparen vor, die Ihnen helfen werden, einen entspannten Urlaub zu erleben und dabei noch Kosten einzusparen.

## SPARTIPPS FÜR REISENDE

**Vor der Reise gründlich recherchieren**

Bevor Sie eine Reise buchen, sollten Sie erst einmal genauer über die möglichen Urlaubsziele recherchieren. Damit bekommen Sie einen Eindruck davon, welches Budget Sie für die Reise einplanen sollten, und Sie können das dann gleich mit anderen Urlaubszielen vergleichen.

Sie sollten sich dabei auch bereits Gedanken machen, wie Ihr Urlaub aussehen soll. Möchten Sie lieber entspannt am Strand liegen oder eher Sehenswürdigkeiten und interessante Städte erkunden?

Wenn Sie es bevorzugen, herumzureisen und Sehenswürdigkeiten zu erkunden, sollten Sie unbedingt die Preise für die Besichtigungen überprüfen.

Auch die öffentlichen Verkehrsmittel und die allgemeinen Kosten für Fahrten unterscheiden sich von Urlaubsort zu Urlaubsort, wobei Sie dann auch wieder eine Möglichkeit haben, um Geld einzusparen.

Deshalb ist es wichtig, dass bereits vor der Buchung Ihrer Urlaubsreise alles in Ihre Kalkulationen mit einbezogen wird. Dann haben Sie vielleicht bereits eine genauere Vorstellung davon, welche Kosten auf Sie zukommen und an welchem Urlaubsort Sie den günstigsten und entspanntesten Urlaub verbringen können.

### Hochsaison vermeiden

Um einen sparsamen und entspannten Urlaub zu erleben, ist es immer zu empfehlen, außerhalb der saisonalen Hochzeiten zu verreisen. Denn in der Hochsaison sind die Preise für Flüge, Unterkunft und Verpflegung in der Regel höher als außerhalb dieser Zeiten.

Hier haben Sie die Gelegenheit, einiges an Geld zu sparen, das Ihnen auch einen längeren Aufenthalt ermöglichen kann. Ein weiterer Vorteil ist, dass außerhalb der Hochsaison weniger Touristen unterwegs sind und Sie deshalb auch mehr Ruhe und Erholung erfahren werden. So können Sie sich entspannen und sich die eine oder andere Spezialität gönnen, die Ihr entlastetes Urlaubsbudget ermöglicht.

Dann werden Sie auch viel entspannter in einem sonst gut besuchten Restaurant speisen können oder sich den einen oder anderen Cocktail an der Bar gönnen. Es bringt viele Vorteile mit sich, wenn Sie außerhalb der gewöhnlichen Saisonzeiten reisen – einen schönen Urlaub werden Sie trotzdem erleben.

### Spontan und flexibel verreisen

Eine weitere gute Möglichkeit, um Reisekosten einzusparen, ist es, sich erst kurzfristig für bestimmte Last-Minute-Angebote zu entscheiden. Dabei ist es am besten, sich keine Gedanken über das Reiseziel zu machen, sondern einfach zu schauen, was zurzeit günstig angeboten wird.

Nicht immer sind dabei gute Urlaubsziele dabei, aber es ist spannend, auch einfach einmal ohne große Urlaubsplanung Neues zu erkunden. Viele klassische Reiseziele sind vor allem in der Hochsaison von vielen Touristen belagert. Reisen Sie doch einmal in ein anderes Land und lernen Sie die Kultur kennen. Sie werden merken, dass es entspannter ist, auch einmal außerhalb von bekannten Touristengebieten zu urlauben.

Aber es ist auch nicht ausgeschlossen, gute Urlaubsangebote für bekannte Touristenziele zu ergattern. Dabei ist es vor allem wichtig, sich umfangreich zu informieren und zu recherchieren, denn es gibt immer wieder gute Angebote für günstige Urlaubsreisen, aber auch diese sind meist begrenzt und Sie sollten dann schnell reagieren.

### Langsamer reisen

Die An- und Abreise ist für viele Menschen das Stressigste an der ganzen Reise, aber das kann auch anders ablaufen. Deshalb empfehle ich Ihnen, lieber langsam als zu schnell zu reisen. Das hört sich im ersten Moment nicht überzeugend an, aber durch Beispiele lässt sich klar erkennen, welche Vorteile das langsame Verreisen hat.

Mit langsamem Reisen ist gemeint, dass Sie die gesamte Reisestrecke nicht auf einmal zurücklegen, sondern eher kleinere Etappen einlegen. Dabei ist es natürlich auch möglich, überhaupt kein Endziel zu haben, sondern eine Art Rundreise zu veranstalten.

So können Sie gleich mehrere Ziele in einem Urlaub erreichen und dort schöne Tage verbringen. Und Sie sind dabei auch nicht nur auf ein Land begrenzt, denn Sie haben die Chance, Ihren Urlaub über mehrere Länder zu verteilen.

Es gibt dabei viele Möglichkeiten, das Reisen aufregender zu gestalten. Reisen Sie mit dem Flugzeug von A nach B und danach mit dem Bus von B nach C und so weiter, wie Sie möchten. Dabei gibt es auch günstige, regionale Angebote, die Sie ebenfalls nutzen können.

Wie Sie sehen, ist diese Art des Reisens interessant und aufregend zugleich. Gehen Sie auf eine Entdeckungstour durch Europa ohne festes

Reiseziel und kommen Sie zurück in Ihren Alltag mit den unterschiedlichsten Eindrücken.

### Vergleichsportale im Internet nutzen

In den Weiten des Internets finden Sie heutzutage zahlreiche Vergleichsportale für die unterschiedlichsten Dienstleistungen. Auch für Reisen empfiehlt es sich, vor dem Buchen die Preise über eines dieser Vergleichsportale zu analysieren.

Sie können hier große Preisunterschiede finden und in der Regel sind diese Portale auch sehr einfach zu bedienen. Hier können Sie Ihre eigenen Vorstellungen angeben und die passenden Angebote dazu finden.

Ein Preisvergleich ist sowieso beim Buchen von Reisen sehr wichtig, da es hier teilweise extreme Preisunterschiede gibt. Und auf den Vergleichsportalen erhalten Sie darüber eine umfangreiche Übersicht, damit Sie schon vor der Reise wissen, wie dick Ihre Urlaubskasse sein sollte. Sie profitieren dabei auch von guten, exklusiven Angeboten und machen ein Schnäppchen. Mit etwas Geduld und Flexibilität werden Sie auf jeden Fall ein gutes Angebot finden.

### Einheimische Küche genießen oder selbst kochen

Geld im Urlaub lässt sich auch beim Essen einsparen und dabei müssen Sie nicht einmal auf einheimische Küche verzichten. Informieren Sie sich am besten vor Ort bei Einheimischen, welche Restaurants diese empfehlen, und vermeiden Sie Restaurants im Mittelpunkt von Touristengebieten.

Natürlich haben Sie auch die Möglichkeit, sich selbst im Internet über geeignete und günstige Restaurants zu informieren. Durch die Bewertungen der Restaurants erhalten Sie in der Regel einen guten Eindruck über die Qualität des Essens und der Bewirtung.

Wenn Sie selbst kochen möchten, kaufen Sie die Lebensmittel im Supermarkt oder in einem Markt und vermeiden Sie kleine Touristenläden. Hier sind die Preise meistens höher und es lassen sich hier schnell einige Euro einsparen.

Selbst kochen kann im Urlaub auch eine sehr gute Chance sein, die einheimische Küche selbst kennenzulernen und Rezepte für zuhause zu entdecken. Auch wenn es nicht immer ohne Probleme funktionieren wird, sparen Sie dadurch Geld und Sie gewinnen dadurch neue Erfahrungen.

### Campingurlaub

Anstatt einer aufwendigen Urlaubsreise mit dem Flugzeug gibt es die Alternative eines Urlaubs in der Natur mit einem Wohnwagen oder mit dem Wohnmobil. Die Kosten für die Hin- und Rückreise mit dem Flugzeug und der Aufenthalt in einem Hotel entfallen hier.

Dabei bleiben Sie jederzeit flexibel, wodurch Sie auch größere Tagestouren zurücklegen oder auch einfach nur entspannen können. Diese Art, einen Urlaub zu verbringen, ist auf alle Fälle günstiger als ein gewöhnlicher Urlaub via Flugzeug. Trotzdem erreichen Sie außergewöhnliche Urlaubsziele auch mit dem Wohnmobil oder dem Wohnwagen.

Zudem lässt sich so auch ein sehr vielseitiger Urlaub verbringen. Ob Sie ein paar Tage am Strand verbringen möchten oder auch einfach nur ein paar Tage in der Natur, das bleibt Ihnen überlassen. Beides ist mit einem entspannten Campingurlaub zu erreichen.

### Parkkosten und Fahrtkosten sparen

Ein Punkt, bei dem sich ebenfalls Kosten einsparen lassen, sind die Parkkosten und auch die Fahrtkosten. Bei einer Flugreise zahlen Sie hohe Parkgebühren in den regulären Parkhäusern des Flughafens. Deshalb ist es günstiger, ohne Auto zum Flugzeug zu gelangen. Lassen Sie sich lieber von einem Freund oder von Verwandten zum Flughafen fahren – dadurch haben Sie schon einige Euro gespart. Oder Sie benutzen erst gar kein Auto und fahren mit den öffentlichen Verkehrsmitteln. Hier gibt es für manche Flughäfen auch Expressbusse, die Sie direkt zum Flughafen bringen und die dabei günstig und schnell sind.

Wenn Sie bereits verreist sind und im Urlaub Fahrten benötigen, wägen Sie ab, welche günstigen Möglichkeiten Sie dort haben, von A nach B zu kommen. Welcher der günstigste Weg ist, kommt dabei auf das Urlaubsland an. Aber mit Busfahrten sind Sie dabei meistens auf der sicheren Seite, da es überall günstig ist. Trotzdem sollten Sie sich auch bereits vor der Reise darüber informieren, da es auch viele unterschiedliche Transportmöglichkeiten gibt.

Bei längeren Busfahrten sollten Sie allerdings nicht vergessen, genügend Proviant und Verpflegung einzupacken. Auch wenn Sie damit günstig ans Ziel kommen, Busreisen sind meistens sehr anstrengend und ohne ausreichend Pausenzeiten. Machen Sie sich Ihren Bus-Trip so angenehm wie möglich und sorgen Sie bereits vor Fahrtantritt für genügend Snacks und Getränke, um die Reise gut zu überstehen.

## SPARTIPPS FÜR PENDLER

Im Alltag eines Berufspendlers oder auch Wochenendpendlers ist es ebenfalls möglich, Geld einzusparen. Wer lange Strecken zurücklegen muss und mit dem Auto unterwegs ist, verbraucht Sprit und die Abnutzung des Fahrzeugs ist langfristig sehr hoch.

Am einfachsten wäre ein Umstieg auf öffentliche Verkehrsmittel, aber das ist nicht in jedem Fall möglich und auch nicht immer die praktischste Lösung. Trotzdem sollten Sie es in Erwägung ziehen, um Ihre Kosten langfristig zu senken.

Hier sind nun einige Tipps zum Geldsparen für Pendler, die Ihnen einen Überblick darüber geben sollen, welche Maßnahmen Sie ergreifen können, um auch beim Reisen vom Wohnort zum Arbeitsort und zurück effektiv Geld einzusparen.

### Pendlerpauschale steuerlich geltend machen

Die wichtigste Maßnahme für Pendler ist es, jedes Jahr die Entfernungspauschale in der Steuererklärung anzugeben und damit Geld vom Staat zu bekommen.

Ob Sie zu Fuß, mit dem Auto, mit öffentlichen Verkehrsmitteln oder mit anderen Transportmöglichkeiten zu Ihrer Arbeitsstelle kommen, das ist nicht relevant. Jeder, der zur Arbeitsstelle reisen muss, erhält einen Betrag von 30 Cent pro Kilometer auf der einmaligen Wegstrecke. Das bedeutet, dass nur die Hinfahrt zur Arbeitsstelle steuerlich absetzbar ist.

Trotzdem kommen dabei oft beträchtliche Summen zusammen, wenn man es auf das ganze Jahr hochrechnet. So ist es pauschal möglich, für 230 Tage im Jahr die einmalige Wegstrecke geltend zu machen. Sie sollten jedoch die Belege und Nachweise aufbewahren, damit Sie bei Nachfragen des Finanzamts keine Probleme bekommen.

Schenken Sie das Geld nicht dem Staat, sondern holen Sie sich das Geld jedes Jahr zurück vom Finanzamt. Dann bleibt Ihnen am Ende des Jahres auch etwas mehr in Ihrem Geldbeutel, das sich in Ihrer Finanzübersicht positiv niederschlagen wird.

### Fahrgemeinschaften bilden

Eine einfache Maßnahme für Pendler, um Geld zu sparen, ist das Bilden von Fahrgemeinschaften. Wenn Sie es organisieren können und dabei auch mehrere Fahrer die Gemeinschaft bilden, spart jedes Mitglied der Fahrgemeinschaft Geld ein.

Hier ist es aber wichtig, sinnvolle Gemeinschaften zu bilden, damit nicht unangenehme Nachteile entstehen. Es ist am besten, Fahrgemeinschaften mit Mitarbeitern zu gründen, die die gleiche Arbeitszeit wie Sie haben. Aber das ist nicht in jedem Fall möglich, da nicht alle Mitarbeiter im gleichen Wohnort oder in der gleichen Gegend wohnen.

Sie können allerdings auch versuchen, unabhängig von Ihrer Firma eine Fahrgemeinschaft zu bilden. Es gibt hier auch einige Interessenten, die das in Erwägung ziehen, da es günstiger und zuverlässiger als das Reisen mit Bus und Bahn ist. Nehmen Sie sich dafür die nötige Zeit und eventuell finden Sie ja einen geeigneten Reisepartner, damit Sie beide finanziell davon profitieren.

**Spritsparend fahren und Auto regelmäßig überprüfen**

Wenn Sie mit dem Auto unterwegs sind, haben Sie dabei die Möglichkeit, durch eine spritsparende Fahrweise einiges an Geld zu sparen. Nehmen Sie sich am besten genug Zeit, um auf der Straße mit dem Auto nicht hetzen zu müssen, denn das wirkt sich auch auf Ihren Fahrstil aus.

Um spritsparend zu fahren, sollten Sie bei einem Auto mit Gangschaltung in niedrigem Drehzahlbereich hochschalten und nicht zu viel Gas geben. Zudem ist es wichtig, vor Ampeln und Kreuzungen bereits frühzeitig die Geschwindigkeit zu reduzieren.

Es ist auch sinnvoll, das Auto bei einer Strecke am Abhang einfach rollen zu lassen und dabei kein Gas zu betätigen. Dadurch verbraucht das Auto noch weniger Sprit und Sie werden auch so schnell genug an Ihr Ziel kommen.

Ein weiterer wichtiger Punkt, um effektiv Sprit zu sparen, ist das regelmäßige Überprüfen des Reifendrucks, und auch der Ölstand sollte regelmäßig geprüft werden. Beides hat Auswirkungen auf den Spritverbrauch und auch, wenn es Ihnen nicht viel erscheint: Sie haben dadurch die Chance, mit kleinen Änderungen auf lange Sicht einiges an Geld zu sparen. Seien Sie gelassener im Straßenverkehr, das ist nicht nur für den Geldbeutel gesünder, sondern auch für Ihren eigenen Gemütszustand.

**Tankrabatte finden und ausnutzen**

Wenn wir schon beim Thema Spritverbrauch sind, ist es auch wichtig, für das Tanken Maßnahmen zu ergreifen, um Geld einzusparen. Und das ist am einfachsten durch Preisvergleiche und Tankrabatte der verschiedenen Tankstellen.

Sie können sich gerne eine App herunterladen, um jederzeit die günstigste Tankgelegenheit in Ihrer Umgebung zu finden. Damit sparen Sie nicht sofort eine Menge Geld, aber bei langfristiger und durchgehender Anwendung dieser Taktik werden Sie schon die Preisunterschiede merken.

Tankrabatte erhalten Sie mittlerweile bei vielen Tankstellen und Sie sparen dabei ebenfalls gutes Geld. Es ist nicht selten, für Privatpersonen mehrere Rabattkarten zu haben, um jederzeit bei der jeweiligen Tankstelle einen möglichen Rabatt zu erhalten. Hier gilt ebenso, dass Sie nicht sofort riesige Einsparungen machen, aber langfristig zahlt es sich in jedem Fall aus.

**Umsteigen von Auto auf Fahrrad und öffentliche Verkehrsmittel**

Um überhaupt keinen Sprit für den Weg zur Arbeit mehr zu verbrauchen, steigen Sie um auf öffentliche Verkehrsmittel und das Fahrrad. Wenn Sie das kombinieren, kommen Sie auch gut von A nach B. Dafür benötigen Sie aber die nötige Fitness und auch Geduld, wenn der Zug einmal nicht kommt.

Allgemein ist es aber sehr zu empfehlen, die Bahn und das Fahrrad zu verwenden, wenn es für Sie möglich ist. Mit dem Fahrrad sind Sie relativ schnell am nächsten Bahnhof und von dort aus können Sie dann mit dem Zug reisen. Sind Sie am Ziel angekommen, nehmen Sie wieder das Fahrrad und fahren weiter bis zu dem endgültigen Ziel. So sind Sie auch relativ schnell und flexibel unterwegs und sparen sich die teuren Spritkosten.

Wenn Sie mit den öffentlichen Verkehrsmitteln reisen möchten, ist es immer am besten, eine Monats- oder Jahreskarte zu kaufen. Dadurch reisen Sie am günstigsten und bei Jahreskarten gibt es auch je nach Verbundsystem die Möglichkeit, in Raten zu zahlen. Dann zahlen Sie die Jahresgebühr in kleineren Raten und bleiben dabei auch finanziell flexibel.

Auch sollten Sie immer wieder auf die aktuellen Angebote der Deutschen Bahn schauen und vergleichen, ob Sie davon profitieren. Denn es ist nicht immer einfach, die günstigste Möglichkeit zu finden, ohne sich dabei umfangreich zu informieren. Wenn Sie sich aber damit genauer auseinandersetzen, finden Sie eine preiswerte Alternative zum Reisen mit dem Auto.

Auch wenn Sie dafür des Öfteren viel Geduld benötigen, ist das Pendeln mit den öffentlichen Verkehrsmitteln für viele Leute interessant und sollte in Betracht gezogen werden, um Geld zu sparen. Dann haben Sie auch mehr Geld im Geldbeutel für wichtigere Dinge in Ihrer Freizeit oder für Ihre Familie.

**E-Bikes und Electroscooter**

Mit E-Bikes und Electroscootern kommen Sie auch sehr gut innerhalb von Großstädten und in Ballungsgebieten vorwärts. Deshalb ist es auch eine gute Gelegenheit, das Auto stehen zu lassen und lieber auf Elektrostrom zu setzen. Die Ersparnisse lassen sich sehen und die Reparatur- und Instandhaltungskosten sind in jedem Fall günstiger als bei einem Auto.

Es gibt mittlerweile unzählige Angebote für E-Bikes und Electroscooter und Sie sind einfach zu bedienen. Sie haben auch die Möglichkeit, diese zu leasen oder zu mieten und zahlen dann nur monatliche Raten. Aber wenn Sie auf lange Sicht denken, lohnt es sich dann eher, sich selbst ein E-Bike oder einen Electroscooter zu kaufen.

Auch möchte ich in diesem Zusammenhang erwähnen, dass der Kauf von Fahrzeugen, die auf die Elektromobilität setzen, vom Staat gefördert wird. Sie erkundigen sich dazu am besten auf der Seite der KfW (Kreditinstitut für Wiederaufbau) des Bundes. Hier erhalten Sie zu diesem Thema umfangreiche Informationen. Profitieren Sie dabei vom Zuschuss des Staates und sparen Sie dabei nicht nur beim Kauf. Auch für Ihre langfristigen Finanzen bringt das Vorteile mit sich, die sich später klar erkennen lassen.

# Motivationstricks für Sparer

Es ist nicht immer einfach, die Geduld und das Durchhaltevermögen aufzubringen, um diszipliniert zu sparen und das Geld nicht für unnötige Dinge auszugeben. Aber das ist kein Grund, gleich beim ersten Rückschlag aufzugeben, sondern eher eine besondere Situation, um zu zeigen, dass Sie es ernst meinen mit dem Geld sparen.

Die Motivation zum Sparen ist für jeden Menschen unterschiedlich und dementsprechend unterschiedlich sind auch die Ziele und die Erwartungen an das ganze Projekt. Es ist ein guter Rat, einfach immer positiv zu denken und nicht den Kopf in den Sand zu stecken, wenn nicht alles sofort super funktioniert.

Sie sind schon so weit gekommen mit dem Geld sparen und haben unter Umständen auch nur kleine Fortschritte erzielt. Aber Sie müssen darauf aufbauen, um in Zukunft auch größere Schritte auf dem Weg zu Ihrem Sparziel gehen zu können. Deshalb ist es unvermeidbar, auch durch schwierige Phasen zu gehen und dabei nicht den Mut zu verlieren.

Meine Tipps und Tricks zur Motivation verrate ich Ihnen nun in diesem Kapitel und ich hoffe, Sie werden daraus einige Schlüsse ziehen. Es geht dabei darum, Ihnen selbst klar zu machen, dass das Sparen nichts ist, das von heute auf morgen die hundertprozentige Verbesserung Ihrer Finanzsituation mit sich bringt.

Üben Sie sich in Gelassenheit und Geduld – dann werden Sie früher oder später Ergebnisse erzielen, die Sie vorher nicht für möglich gehalten haben. Denn nur mit diesen zwei Eigenschaften werden Sie Erfolg haben beim Sparen und auch Ihre Investments werden mit positiven Ergebnissen überzeugen.

## FINANZIELL UNABHÄNGIG WERDEN DURCH DAS SPAREN

Denken Sie immer daran, dass Sie durch das Sparen eine finanzielle Unabhängigkeit erreichen können. Es ist lästig, immer auf den Kontostand schauen zu müssen und wenn es am Ende jeden Monats knapp wird.

Wenn Sie fleißig und geduldig sparen, wird sich Ihre finanzielle Situation verbessern und Sie haben auch Geld auf der hohen Kante. Dann wird Sie nichts mehr so schnell aus der Ruhe bringen und Sie werden auch feststellen, wie sich dies positiv auf die menschliche Psyche auswirkt.

Auch wenn Sie einmal unverschuldet und unvermeidbar arbeitslos werden, ist es immer wichtig, noch Geld auf der hohen Kante zu haben. Erarbeiten Sie sich die finanzielle Unabhängigkeit, damit Sie auch längere Phasen ohne finanzielle Unterstützung auskommen. Dann können Sie auch gelassener in das tägliche Leben gehen und alle Herausforderungen bestehen.

## KLEINE, REALISTISCHE ZWISCHENZIELE SETZEN

Um die Motivation beim Sparen nicht zu verlieren, ist es wichtig, sich selbst geeignete Ziele zu setzen. Diese Ziele sollten dabei aber nicht zu hoch angesetzt werden, da sich dies negativ auf Ihre Motivation auswirkt.

Deshalb ist es zu empfehlen, kleine und realistische Zwischenziele zu setzen, die Sie schneller erreichen und damit Fortschritte auf Ihrem Weg zur finanziellen Unabhängigkeit erzielen.

Nehmen Sie sich vor, für etwas zu sparen, ist die Motivation viel höher, als wenn Sie einfach nur ohne ein Ziel sparen. Es muss nicht gleich der teure Sportwagen oder das neue Eigenheim als Ziel ausgegeben werden. Diese Ziele eignen sich eher als langfristiges Sparziel.

Kleinere Ziele sind zum Beispiel Urlaubsreisen oder ein neuer Fernseher, den Sie kaufen möchten. Solche Ziele sind in einigen Monaten zu erreichen und dadurch haben Sie ein Erfolgserlebnis. Das wird Ihnen helfen, auch weiterhin die Lust und Motivation zum Geldsparen aufrechtzuerhalten.

## SPAREN ZUR GEWOHNHEIT MACHEN

Jeder Mensch gewöhnt sich an alles. Sie müssen es nur schaffen, dass Geld sparen zu einer Gewohnheit wird. Dann läuft es, wie von selbst, und Sie werden sich nur noch wenige Gedanken über die finanziellen Angewohnheiten machen.

Dabei sollten Sie in kleinen Schritten anfangen und wenn Sie einmal erste Veränderungen in Ihr Leben integriert haben, fallen weitere Veränderungen leichter. Denken Sie zum Beispiel an das wöchentliche Aktualisieren Ihrer Finanzübersicht oder auch an das tägliche Ausfüllen eines Haushaltsbuches.

Legen Sie doch jede Woche einen bestimmten Betrag in eine Spardose oder erstellen Sie einen eigenen, persönlichen Sparplan. Diesen können Sie dann jede Woche aktualisieren, indem Sie Ihre Spareingänge buchen.

Das sind alles kleine Angewohnheiten, die Sie langfristig darauf ausrichten werden, Geld zu sparen und die gelernten Spartipps anzuwenden. Innerhalb kurzer Zeit wird es für Sie eine Selbstverständlichkeit sein und es wird einfach wie andere Aktivitäten in Ihrem Alltag ablaufen. Dann brauchen Sie auch nicht mehr bei jedem Einkauf aufpassen, denn durch Ihre Gewohnheit werden Sie schon automatisch auf unwichtige Produkte verzichten wollen.

## RÜCKBLICK AUF DAS GESCHAFFTE

Ein guter Weg, um sich selbst motiviert zu halten, ist es, seine Erfolge und Errungenschaften immer wieder zu betrachten. Das wird Sie beruhigen und Ihnen auch zeigen, dass Sie bereits große Schritte für Ihre finanzielle Situation unternommen haben.

Dabei geht es auch nicht darum, wie hoch Ihre Einnahmen oder wie niedrig Ihre Ausgaben sind. Es geht einfach darum, erst einmal mit dem Sparen angefangen zu haben und damit einen Schritt in ein geordnetes und sorgenfreies Leben gegangen zu sein.

Der Blick in die Vergangenheit hilft Ihnen auch, aus den Erfahrungen zu lernen und diese nun auch zu nutzen. Wenn Sie jemanden kennen, der finanzielle Probleme hat, haben Sie die Möglichkeit, dieser Person durch Ihre eigenen Erfahrungen zu helfen. Jeder kann den Weg zu einem sparsameren Leben gehen und Sie sind auf dem besten Weg, weitere große Schritte zu gehen.

## KLEIN ANFANGEN UND SPÄTER GROẞE ERFOLGE FEIERN

Nicht jeder Mensch, der reich ist und ein sorgenfreies Leben führen kann, ist in einer reichen Familie aufgewachsen und hat das Geld einfach nur geerbt. Viele Menschen haben ebenfalls erst einmal klein anfangen müssen, um dann später das große Geld zu verdienen.

Deshalb ist es auch wichtig, so früh wie möglich mit dem Sparen anzufangen. Vor allem in den jungen Jahren geben viele Menschen unnötig ihr Geld aus, da Sie keine Sparziele haben und deshalb in den Tag hineinleben. Aber genau hier ist der geeignete Zeitpunkt, schon langfristig zu denken und erste Sparmaßnahmen einzuleiten.

Jeder hat es verdient, das Leben auf seine Art und Weise zu führen. Allerdings bringt ein sparsamer Lebensstil Vorteile mit sich, die nicht in kurzer Zeit sichtbar werden. Deswegen geben viele vermeintliche Sparer auch nach kurzer Zeit auf, da sie nicht die Geduld und das Durchhaltevermögen mitbringen.

Seien Sie selbstbewusster und fangen Sie bereits früh an, auch, wenn es nur kleine, unscheinbare Beträge sind. Auf lange Sicht zahlt es sich für Sie aus und Sie haben keine Geldsorgen – auch nicht, wenn es einmal nicht gut läuft.

## BELOHNUNGEN UND SICH ETWAS GÖNNEN

Es kann sehr anstrengend und aufreibend sein, zu sparen, und es geht dabei auch nicht immer nur aufwärts. Deshalb ist es sehr wichtig, sich selbst auch immer wieder Auszeiten zu nehmen und sich bei guten Leistungen selbst zu belohnen.

Wie Sie das in Ihrem Fall gestalten, bleibt Ihrer Vorstellungskraft überlassen, aber Sie können dann auch gerne einmal etwas tiefer in die Tasche greifen. Denn langfristig sind Sie auf einem sehr guten Weg und dann ist es auch in Ordnung, einmal sich selbst zu belohnen.

Natürlich sollten Sie es nicht übertreiben und jeden Monat teure Luxusartikel kaufen. Wenn Sie aber schon einige Monate sparsam gelebt haben und Ihre Finanzsituation sich eindeutig verbessert hat, kaufen Sie sich ruhig etwas Schönes. Oder Sie können auch einfach hin und wieder etwas leckeres essen gehen.

Wichtig ist einfach, dass Sie nicht vergessen, im Hier und Jetzt zu leben: Es dreht sich nicht alles nur darum, Geld zu sparen, vergessen Sie einfach nicht, auch das Leben zu genießen.

## PARTNER ZUM SPAREN FINDEN

Wenn Sie zusammen mit jemand anderem sparen, erhalten Sie dadurch auch einen Motivationsschub. Dafür kommen viele Personen infrage, die ebenfalls das Ziel haben, Geld zu sparen. Es spielt keine Rolle, ob es der Partner, ein Freund oder eine sonstige Person ist: Es erhöht die Motivation automatisch und Sie können sich untereinander über Probleme und Erfahrungen austauschen.

Kennen Sie andere Menschen, denen es aus Ihrer Sicht guttun würde, ein paar Euros einzusparen, dann motivieren Sie diese dazu, mit Ihnen zusammen zu sparen. So helfen Sie sich gegenseitig und dabei behalten Sie die Freude am Sparen. Jeder hat dabei seine eigenen Sparziele und man kann sich gegenseitig eigene Tipps und Tricks verraten.

Aber am Ende kommt es einfach darauf an, dass Sie nicht die Motivation am Sparen und Ihre Ziele aus den Augen verlieren. Es hilft dabei, sich mit Menschen, die das gleiche Interesse teilen, auszutauschen und sich zu beraten.

## WENIGER SORGEN UND HÖHERE LEBENSQUALITÄT

Denken Sie beim Sparen auch daran, dass Sie dadurch kurz-, mittel- und langfristig ein besseres Leben führen werden. Es wird sich nicht alles von einem Tag auf den anderen verbessern, doch die Aussicht auf ein sorgenfreies Leben ist eine gute Motivationsspritze.

Viele Menschen wachen morgens mit finanziellen Sorgen auf, gehen abends mit finanziellen Sorgen ins Bett und der Schlaf leidet darunter. Schon wenn Sie erste Maßnahmen ergreifen, um Ihre finanzielle Situation in den Griff zu bekommen und zu verbessern, werden Sie sich besser fühlen, denn Sie wissen nun, dass Sie auf dem richtigen Weg sind.

Deshalb ist es auch wichtig, sich immer wieder einzureden, wie Sie auf lange Sicht davon profitieren werden. Wenn Sie sich keine Sorgen mehr um Rechnungen und Ratenzahlungen machen müssen, sondern genau wissen, dass Sie ein gutes Reservebudget aufgebaut haben, gibt Ihnen das Sicherheit. Sie werden weniger Druck verspüren und erhöhen damit Ihre Lebensqualität.

Haben Sie sich schon lange nichts mehr leisten können? Dann ist das schade, aber es gibt einen Weg heraus und Sie müssen nicht auf alles verzichten. Bringen Sie Ihre Finanzen auf den aktuellen Stand und Sie haben schon einen großen Schritt in die richtige Richtung gemacht.

## IMMER WIEDER NEUE SPARMÖGLICHKEITEN UND INVESTITIONEN FINDEN

Sie haben es selbst in der Hand, Ihre Finanzen in den Griff zu bekommen und dabei langfristig die finanzielle Unabhängigkeit zu erreichen. Dafür benötigen Sie aber nicht nur Geduld und Durchhaltevermögen, sondern auch Kreativität und die Motivation, sich immer weiter entwickeln zu wollen.

Halten Sie sich auf dem Laufenden über neue Entwicklungen und Technologien, damit Sie neue Investitionsmöglichkeiten finden. Hier gibt es nicht den einen richtigen Weg. Das Wichtigste dabei ist es, die Augen offen zu halten und immer wieder über neue Strategien nachzudenken. Denn es ist gut, sich weiterzubilden und auch einmal Risiken einzugehen, wenn Sie davon überzeugt sind, dass Sie damit Erfolg haben werden.

Das Gleiche gilt auch für Möglichkeiten zum Sparen. Bleiben Sie am Ball und informieren Sie sich regelmäßig über aktuelle Spartipps. Auch sollten Sie sich immer wieder mit anderen Sparern austauschen, da Sie so den besten Einblick in Investitionen und Sparmöglichkeiten erhalten. Persönliche Erfahrungen helfen Ihnen dabei, später die richtigen Entscheidungen zu treffen.

Alle möglichen Informationsquellen sollten Sie dafür heranziehen und versuchen, sich noch tiefer mit der Thematik auseinanderzusetzen. Dann haben Sie eine große Chance, erfolgreich Ihr Geld zu sparen und auch richtig zu investieren.

Das ist der Vorteil für Sie gegenüber anderen Menschen, die sich noch nicht so ausführlich mit dem Thema Geld sparen beschäftigt haben. Sie wissen nun bereits, welche Maßnahmen Sie ergreifen können und wie Sie Ihre persönlichen Ziele erreichen werden. Nutzen Sie diesen Vorteil aus und fangen Sie an, mehr aus Ihrem Geld zu machen.

Wir danken Ihnen für Ihr Interesse und Ihr Vertrauen. Als Dankeschön dafür, haben wir eine besondere Überraschung. Wir haben einen **ultimativen Leitfaden für Einsteiger ins Aktien- und Börsengeschäft** für Sie. Und dieses erhalten Sie vollkommen kostenlos. Das klingt wunderbar? Dann warten Sie nicht lange und holen Sie sich Ihr Gratis-Geschenk.

## Hier geht es zu Ihrem Gratis-Geschenk:

https://forms.gle/gduy3doWN5ejuaub9

1. **Öffnen Sie die Kamera-App auf Ihrem Smartphone und richten Sie die Kamera auf den QR-Code.**
2. **Klicken Sie auf den Link, der Ihnen angezeigt wird und schon werden Sie zur Website weitergeleitet.**

# Impressum

Verlag: Orbita Media Verlag GmbH & Co. KG / Ericusspitze 4 / 20457 Hamburg / Deutschland
Website: https://orbita-media.de
Cover Image: Shutterstock
ISBN: 9783989359109

**Haftungsausschluss:**
Die Nutzung dieses Buches und die Umsetzung der enthaltenen Informationen, Anleitungen und Strategien erfolgt auf eigenes Risiko. Der Autor kann für etwaige Schäden jeglicher Art aus keinem Rechtsgrund eine Haftung übernehmen. Haftungsansprüche gegen den Autor für Schäden materieller oder ideeller Art, die durch die Nutzung oder Nichtnutzung der Informationen bzw. durch die Nutzung fehlerhafter und/oder unvollständiger Informationen verursacht wurden, sind grundsätzlich ausgeschlossen. Rechts- und Schadenersatzansprüche sind daher ausgeschlossen. Dieses Werk wurde sorgfältig erarbeitet und niedergeschrieben. Der Autor übernimmt jedoch keinerlei Gewähr für die Aktualität, Vollständigkeit und Qualität der Informationen. Druckfehler und Falschinformationen können nicht vollständig ausgeschlossen werden. Es kann keine juristische Verantwortung sowie Haftung in irgendeiner Form für fehlerhafte Angaben vom Autor übernommen werden.

Die bereitgestellten Analysen, Vorschläge, Ideen, Meinungen, Kommentare und Texte sind ausschließlich zur Information bestimmt und können ein individuelles Beratungsgespräch nicht ersetzen. Alle Informationen dieses Buches entsprechen dem Kenntnisstand zum Zeitpunkt des Verfassens dieses Buches. Eine Haftung für mittelbare und unmittelbare Folgen aus den Informationen dieses Buches ist somit ausgeschlossen. Informieren Sie sich weitläufig aus unterschiedlichen Quellen und bedenken Sie, dass am Ende nur Sie für die Entscheidungen verantwortlich sind.

**Haftung für externe Links**
Unser Angebot enthält Links zu externen Websites Dritter, auf deren Inhalte wir keinen Einfluss haben. Deshalb können wir für diese fremden Inhalte auch keine Gewähr übernehmen. Für die Inhalte der verlinkten Seiten ist stets der jeweilige Anbieter oder Betreiber der Seiten verantwortlich. Die verlinkten Seiten wurden zum Zeitpunkt der Verlinkung auf mögliche Rechtsverstöße überprüft. Rechtswidrige Inhalte waren zum Zeitpunkt der Verlinkung nicht erkennbar.

www.ingramcontent.com/pod-product-compliance
Lightning Source LLC
La Vergne TN
LVHW010834051026
849532LV00007B/2699

* 9 7 8 3 9 8 9 3 5 9 1 0 9 *